宁高宁管理笔记

五步组合论

Ⅱ

组建团队

宁高宁◎著

企业管理出版社
ENTERPRISE MANAGEMENT PUBLISHING HOUSE

图书在版编目（CIP）数据

五步组合论．组建团队 / 宁高宁著．—北京：企业管理出版社，2023.3
（宁高宁管理笔记）
ISBN 978-7-5164-2769-9

Ⅰ．①五…　Ⅱ．①宁…　Ⅲ．①企业管理—文集　Ⅳ．① F272-53

中国版本图书馆 CIP 数据核字（2022）第 238539 号

书　　名： 五步组合论：组建团队
书　　号： ISBN 978-7-5164-2769-9
作　　者： 宁高宁
责任编辑： 徐金凤　田　天
出版发行： 企业管理出版社
经　　销： 新华书店
地　　址： 北京市海淀区紫竹院南路 17 号　　**邮　　编：** 100048
网　　址： http://www.emph.cn　　**电子信箱：** emph001 @163.com
电　　话： 编辑部（010）68701638　　发行部（010）68701816
印　　刷： 北京博海升彩色印刷有限公司
版　　次： 2023 年 3 月第 1 版
印　　次： 2023 年 3 月第 1 次印刷
开　　本： 710mm × 1000mm　1/16
印　　张： 11.5 印张
字　　数： 161 千字
定　　价： 50.00 元

自序
PREFACE

因为我领导过四家世界500强企业，中国华润（集团）有限公司、中粮集团有限公司、中国中化集团有限公司和中国化工集团有限公司及后来两家整合的中国中化控股有限责任公司，这样我也被善意地贴上了一个执掌过四家世界500强企业的标签。我粗略查了一下，全球企业界这样的人还真不多，所以我听了这称呼也很高兴。就好像比赛中的游泳运动员，本来只顾着低头划水，没想到抬起头来一看有人鼓掌，当然有点乐滋滋的。虽然我高兴，但我也不想以此事误导大家，因为这个世界500强本来就是个杂志的统计，不是个很严谨的评价，而且排名依据是销售额，并不能说明企业真正的水平，所以不应奉为成功的标准。另外，我任职的几家企业都是国有企业，我的职务也是组织上任命的，与国际上的500强企业不同，这一点我们应该很清楚。也就是说，中国人里如果组织任命的话能领导几家世界500强企业的人肯定不止我一个，还有很多。

但我也不能太谦虚，毕竟我参与过的几家企业都发展了，战略上有转型有升级，市场竞争力上有增强，营利能力也提高了，而且现在还在持续进步，我当时和团队尽心尽力工作也算是有成绩。热心的媒体不仅广泛报道这个现象，还分析其原因。有的说宁高宁善于搞并购整合，有的说宁高宁有企业家精神敢于冒险，也有的说宁高宁运气好，还有人说他们家三兄弟都挺好是因为家里教育好。这些说法可能都有些道理，但是都不会是最终答案。其实我也不知道答案是什么，如果再来一次我也不知道还能不能做好。因为这件事是一个雾里行走摸索前行的过程，没有包打天下的简单答案。现在常有人问我，如果让你用一句话来总结自己怎么说？我说就是好好干，其他总结不了。因为它是一个过程，所以想探究原因就要了解这个过程。如果说我经历过几家世界500强企业的发展是件有意思的事，如果说我在这几家企业的发展中起了些作用，如果今天回头看想找出点道理来，那么现在集合起来的这套“宁高宁管理笔记”之《五步组合论》就是记录当时过程的原始的文字。这些文字并没有修饰过，也很不完整，只是记录了一些片段，更不是经验介绍，它有很多初级的、幼稚的、粗糙的观点，但它是一个过程，加起来30多年的过程，从中可感受到当时的情景。我自己再回头翻看时还能感受到当时的气息、味道，特别是错误。我相信读者看的时候也会有类似的感觉。看一个人要看他的成长过程，看一家企业也要看他的成长过程，特别是当你看到在这个过程中他一会儿天真幼稚，一会儿跌跌撞撞，可他还是顽强地跑了很远，这个过程就能带来些启发。

在这个过程的背后，并不一定引人注意的特点有两个，我想单独说一下。

一是这些企业的团队学习能力。因为中国现在的企业大都成立在改革开放之后，他们产生的背景并不是成熟的市场，但他们出生后立刻要面对的就是市场化甚至国际化的竞争和规则。他们就像基础不好的插班生，必须努力学习赶上。所以对中国企业来讲，能不能有意识地、主动地、不断地学习进化，是让他们拉开距离的主要原因。从这本书里记录的这些事情看，我经历的这几家企业，都有一个特点，他们都有学习反思、自我完善的能力，他们像虔诚的小学生一样不断学习，是学习型的团队。我们讲过学习型组织，甚至学习型国家，这里的学习并不仅仅是指喜欢读书学习，其所代表的是不断认识新的变化、不断探索、不断思考并与实践相结合的能力。为什么他们的投资失误相对较少？为什么面临困难的企业可以转型成功？为什么小业务可以持续发展直到建立行业领导地位？为什么他们内部的思想相对比较统一？这些都与学习型团队有关。这也就是整个组织的认知、学习、思考、实践并不断完善及在此基础之上的创造的能力。华润和中粮多年前就有这么个说法——我们的企业就是一所大学，不同的是我们有个即时的实验场来检验。这里的实践者也是学习者、思考者。我现在还记得当时开那些几天几夜不停的团队学习会议，想起来都是令人无限怀念和感慨的时光。

二是不断反思总结规律。企业管理虽然没有统一不变的全能方法，但有一定的规律，规律就是我们在试验过多种方法后梳理出来的要遵循的原则。相对于其他学科，企业管理成为专门学科较晚，而且在不同的社会文化和经济环境下，企业管理原则应该有不同的变化。中国的企业管理学科借用西方较多，许多重要的理论框架无论是战略还是市场都是从西方引进过来的，虽然它们也是西方多年商业实践的结晶，但与中国企业的实际不完全吻合。其实，受了西方企业管理教育的中国企业管理者也在不断地与水土不服斗争。如企业中关于团队的组织发展，战略的多元化与专业化，中国企业的并购整合及国际化，市场营销中对消费者的认知，中国都有很强的独特性，其规律要在实践中摸索总结。在我任职的这几家企业中，在实践中不断寻求探索规律和方法并形成共识来指导企业的发展也是其重要特点。由此才有了你会在书中看到的五步组合论、6S 管理、价值管理四要素、战略十步法、经理人标准等基于企业实际提炼出来的工作方法，以及华润形成的对多元化企业管理的方法，中粮对全产业链的管理方法，中化集团基于科学至上理念的重组转型和协同管理的方法。

这本书的时间跨度可能有 30 年，其内容大都是与团队讨论总结出来的，是一个思考的过程，是原创。这也是一个实战的过程，这些理念方法都被广泛使用过，充满激情地实践过，并且在过程中不断修正完善。今天回头看，这些实践都被市场和时间检验过，也是相对成功的，这是其珍贵之处。

2023 年 1 月 26 日于上海

目
CONTENTS
录

第二步 组建团队

002 • 不白说

004 • 因感动

007 • 人在上

009 • 美之源

011 • 旧名片

013 • 心要通

015 • 向太阳

017 • 人与事

020 • 世界杯

023 • 新文化

026 • 黄金屋

028 • 团队魂

030 • 白洋淀
032 • 非正式
035 • 付洪炜
038 • 读书的态度
040 • 克劳顿
043 • 你的人生自己把握
046 • 年轻人要有韧性和耐心为公司工作
050 • 猿与猴
052 • 繁与简
054 • 一个人做到真实是最幸福的
057 • 好学生
059 • 忠良书院
063 • 百战归来再读书
064 • 创新思维，发展人才
073 • 几点困惑
077 • 保持不断学习的心态
080 • 持续激发潜力
085 • 人力资源管理
089 • 员工态度决定企业未来
091 • 在实践中学习和印证
094 • 海底捞的机制

096 • 高境界做人，专业化做事
100 • 企业管理者要具备不断学习的能力
102 • 建设性
106 • 对中粮的未来负责
109 • 总是和对手差一点
113 • 组织再造迎接挑战
117 • 心境有多大事情就会做多大
122 • 软实力
124 • 把无形变为有形
127 • 组织健康推动融合
129 • 西雅图
131 • 新环境，新起点，新征程
134 • 做好人力资源工作
138 • 每个人心中都要有一条河
142 • 坚持国企属性前提下无限接近市场化
146 • 辩论赛
151 • 科学的“动力系统”
157 • 早规划、莫辜负、不后悔
162 • 找出公司的英雄
164 • 人和团队在战略之上

五步组合论

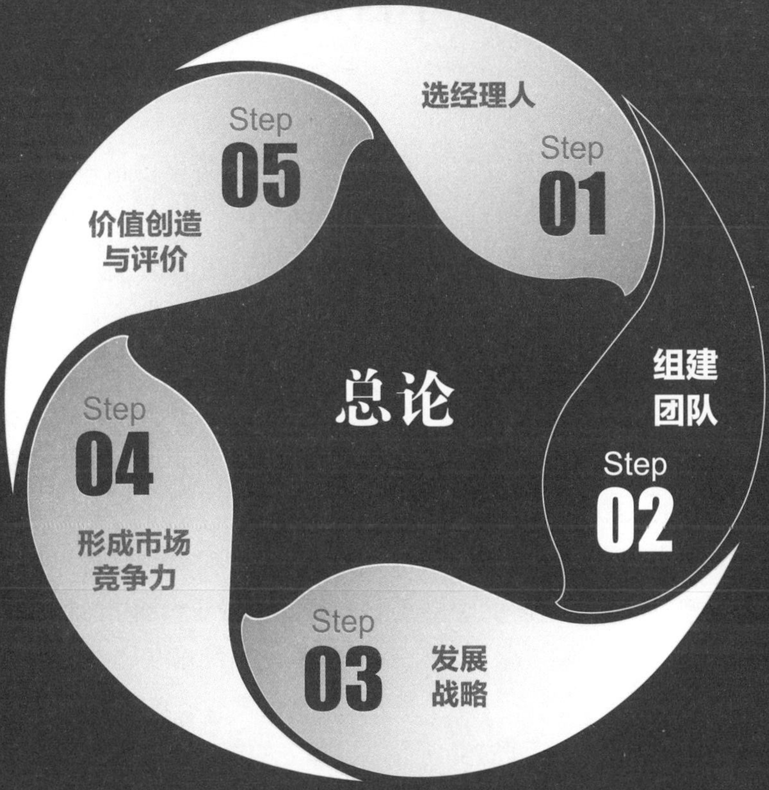
选经理人
Step
01
组建
团队
Step
02
Step
03
发展
战略
Step
04
形成市场
竞争力
Step
05
价值创造
与评价
总论

不白说

华润创业大了，人多了，见面少了，怎么能保持相互忘不了对方呢？有人想出方法要办一份内部刊物。不过，我觉得现在办企业内部刊物好像时髦，谁不搞准是没文化。华润创业当然不认自己是老土，所以一定要办一份刊物，也就有了摆在你面前的这份东西《创业论语》。

主编钟义让我写一篇开头的话，想来想去，想到前几天与美国Protective Life（美国一家寿险公司）的主席吃饭，这位老人家谈起公司管理的“精华”：一是资产不能放错地方，二是人不能用错，三是要让每个人在公司都能心情愉快地玩命工作。类似这三点的话许多人以前都说过（包括本人），但做出来、做得好，则十分困难。前两点不说，就说第三点，怎么能让每个人心情愉快、充分发挥潜力？这方面的管理理论一直在变，什么理论都有成功和失败的案例，本无一定之规，大部分的管理者、大部分的理论都在盲人摸象。有时遇到一些难题，我脑中常浮现一幅图画：一座大山，一群蚂蚁，蚂蚁在山脚下爬，蚂蚁都以为嗅到了山的味道，可谁也不知道山顶是什么。蚂蚁永远也到不了山顶，最好的答案永远是个谜，因为世界变化太快，人的脑子太慢，人生也太短。

有一点是明确的，让人把要说的话说出来心情就会愉快一些，这样发挥可能就好一点。这份刊物的基本目的就是要起到这个作用，能否做到，就要看大家了，因为公司是你的，不说白不说！

我以后每次都说！

（1998 年 4 月）

一个企业，可以大，可以小，一阵热闹过后，它的底蕴和光彩则是来自一群很执着的人。华润创业的未来要求我们每个人都有一份让人感动的对公司的情感。

因感动

我来北京开会，住在京西宾馆。它在北京城的西头，四周是很高的围墙，一个很单调的大院子，门口有两个卫兵站岗，神情很平白。

晚饭后，我从宾馆走出来。冬日的北京，街灯很清冷，树木枯白，人行道上的凹凸很坚硬。漫步夜里街头，像是在读一本书，开着的灯，关着的门，后面可能都有一个让人纳闷的故事。

无意中，我来到了新建的北京西站。火车站，我们这一代人都熟悉，不仅熟悉，还代表了很多岁月，很多感情。今夜的北京西站，很特别，没有排队人群，没有行李，也没有汽笛声。大广场上很空荡、很寂静。

我站在广场中央，突然觉得很想念我们公司，想念它的一些人、一些事。有些话今天想告诉大家。

一个企业，可以大，可以小，一阵热闹过后，它的底蕴和光彩则是来自一群很执着的人。这些人很动情，这些人做的事很让人感动。这是一群很漂亮的人。

戴振华去海尔推销，嘴上的水泡让海尔的人感动，也让我感动。王群一天三包烟，计算器键上的数字已磨光了，他仍可以运用自如，让我感动。王懿去沈阳，几月之内从一个湖北人变成了深圳人，又变成了沈阳人，可能最近又要变成天津人，让我感动。黄力只身到四川，“不为老板，只为了这爿生意”，让我感动。刘洪基为华润创业算计，不想华润创业被算计，水卖了不少，路跑了不少，让我感动。胡波临危受命，四处取经，心之诚，让我感动。刘桂雪抓成本，从旧挂历想到每一滴水，让我感动。Dennis（励致国际行政总裁）、Carrie（励致国际执行董事）、俞敏自愿减薪，锲而不舍定要让励致走出困境，让我感动。Ralph（华润创业执行董事姜智宏）为了融资，讲电话讲到突然失声，喷上歌手、演员用的声带刺激药，接着再讲，让我感动。Yellow（华润创业董事副总经理黄铁鹰）为了项目，喝酒喝到“头破血流”，让我感动。Monita（华润创业财务部高级经理邓凤鸣）去沈阳，冻得掉了眼泪，让我感动。PS（华润创业执行董事刘百成）、Sammy（华润创业地产部员工吴健心）在牙鹰州几天几夜，检测地基，让我感动。YB（华润创业执行董事阎飙）大事小事，任劳任怨，让我感动。Sheila（我的秘书）为公司节省每一分钱，让我感动。钟义搞“论语”，又要向我追稿，又不好意思，他心里着急，我知道，我感动。灏景湾地基风波，有人想借机“踢契”（废除合同），华润创业也有许多员工买了“贵楼”，真“踢契”成功，他们可以免受损失。屋宇署的信来了后，华润创业内一片欢呼。这一刻，让我很感动。

高盛前几天出了一份报告，讲红筹公司，题目叫《管理，管理，管理》，主要讲投资者对红筹公司的选择由过往的选“关系”、选“背景”，最终选到管理。华润创业很运气，总分列为第一。没有让人感动的事，就没有这些投资者的认可，也没有华润创业管理的灵魂。

两年前大连华润啤酒厂处在竞争的劣势，我们很艰难地全面调整了管理层。那一天，大家谈公司的事谈到很晚。我曾对 Yellow 讲，如果过几年我们这些人不在华润干了，站在大连华润啤酒厂的厂门口，如果我们不能流下泪来，就说明我们没有动真情。

华润创业是谁的？一是国家的，二是投资者的，这是法律上的。可在感情上，它首先是员工的。有人说公司要有向心力、凝聚力，我看这是不够的。华润创业的未来要求我们每个人都有一份让人感动的对公司的情感。

通用电气的杰克·韦尔奇说：“我只不过是找到了一群志同道合的朋友来共同完成一项任务，其中每个人都注入感情，受了感动。”

我们的公司同样需要情感，需要感动。

（1999 年 2 月）

管企业的关键，绕了一圈，最终还是回到人上。人应该是所有管理思维的起点。

人在上

这几年，我有多次面试求职者的经验。一两个小时的谈话，看起来像老师在考学生，可实际上，我比应试人还紧张。选人的成败就是企业的成败，求职者的衣着、发式、面相、手型都要看仔细。这像投资一样，风险是很大的。用面试来选人对双方都不公平，对人的深层感觉是难以言表的。可是，企业中对人的管理必须在这种非纯科学的条件下进行。

不知何时，我们的祖先把凑在一起做买卖的形式叫企业，那时可能还没有“天真烂漫”的管理学，可企业的“企”字以人在上，就足以让我们悟性差的人汗颜。企业这个“怪物”，让我们头疼，因为变量太多，常量太少。管企业的关键，绕了一圈，最终还是回到人上。人应该是所有管理思维的起点。

上星期去一位朋友家聚会，席间有人提议每人讲一段自己的“威水”心得（香港口语，意为值得骄傲的事情）。香港《信报》的曹仁超说，他每周工作七天，只因为他觉得在公司最舒服、最享受。我想热爱自己干的事情应该是所谓“成功”的根本原因。创造一个让员工向往的环境和气氛，在工作中得到满足，是简单的雇佣关系的升华，也应是我们人力资源工作的基本目标。

在公司的资产负债表上，与员工有关的事都在负债栏里：应付工资、应付奖金、公积金。在公司的损益表上，与员工有关的都在费用栏里：工资、福利、所有分摊。这在理念上把员工与公司的经营目标对立起来。我觉得华润创业的员工地位应在财务报表上变一下，把员工看作资产，而不是负债；看作利润，而不是费用。在人事管理的理念中，如果不能在资产质量上和经营成果上找到员工的位置，是人事管理的失败，员工好，公司好，华润创业的员工应该是生活幸福的人。

我们的员工手册列明了公司制度，纪律给我们带来秩序，但不能保证我们每天早上来公司上班时像赴情人的约会一样心切。我们的部门设置、员工配备、同事分工、沟通渠道、评核标准、奖罚体系合理吗？有人说，只有满意的员工，才有满意的客户。满意员工的产生有赖于我们对人事管理的不断改进。对人的组织的科学性、公平性及有效率的制度的建立是我们不断努力的目标。舒畅的工作环境和系统使我们成为和谐的群体，我们的员工应该是快乐的人。

人本来是不可以管的，因为它可变性太大，适应环境能力太强，伸缩幅度太宽，人的能力只能诱发。人又是不能不管的，因为纯个人与群体是矛盾的，生存与享乐是不能完全统一的。创造一个活泼而又一致的组织是企业战胜竞争对手的根基，也是人事管理的高境界。华润创业的员工应该是开心的，努力工作的人。

（1999年3月）

平静的美像是冬日的雪，无声，无味，一定是大美。

美之源

城市像人一样，有年龄，有性格，有长相。浓妆不一定让人喜欢，淡雅也不一定让人忽视。像乡村的新媳妇，自己在头上插朵花，美是美了点，是小美，不是大美。我们现在小美太多，大美很少，美得沉着，美得祥和是一种不易的姿态，是岁月的凝练。我不是大连人，但我去过很多城市，我觉得今天的大连可以称得上是一座大美的城市。

记得多年前有位美国人问另一位英国人，为什么英国的草皮比美国的好？英国人说，我们种草种了800年，美国才有多少年历史！这几年大连也种草，种草还出了点名，搞得许多城市都种草。大连种草的历史比英国人可能短一些，但草已成了这座活力城市的皮肤，外人到大连，先注意大连的草，草已成了这座大美城市的起点。一百年了，大连代表了一群人创造出来的大美，这时再回头看看它，是一件很有意思的事。

说历史，一百年是很短的。可说人生的光阴，一百年就很长了，一百年前大连是什么样，听说它只是一个小渔村。这个小渔村很幸运，它有很美的山、很美的水，大连人也没亏待它，在这里建了一座让人心动的城。这一百年，大连长大了，变成了一座成熟的城，成熟的美一定是大美。

大连这座城其实很简单，它的街道很直，人也很直。一座座旧房子都留下来了，人们还把它们打扫得干干净净，油漆得光光鲜鲜。人们说话很有色彩、很简捷。有一次，我在街上向行人问路，一位中年妇女看了我一眼，可能嫌告诉我路太麻烦，只说了一声“跟我走！”问题便解决了。你说简单不简单？简单的美是秋风落叶，一定是大美。

大连是一座变化中的城市，一百年的变化说不清，只是这几年的变化就可以让你目瞪口呆。我到过大连无数次，从来记不住路，因为变化太快，可能许多人都说不清大连这几年建了多少广场、多少公园、多少湾、多少滩、多少新大楼、多少新酒店。从大连街道上出现了女骑警那一刻开始，我就知道这座城会不停地变下去。变化中的美是雨后彩虹，一定是大美。

城市变大了，都会有一些燥气，这种摸不着的压力是城市人向往乡间安逸的原因。可大连这座城给人出奇的平静感。不知是哪一位大哲人让大连人从开始就看明白了这世上的大道理，让他们可以早上在广场上跳舞，晚上在广场上听音乐、踢毽子。平静的美像是冬日的雪，无声，无味，一定是大美。

大连街道上时常见到外国人，一百年来，外国人来过大连几次，过去的几次并不是大连人邀请来的，可最近这次他们都是大连人请来的，大连人用他们的包容和热情让外国人不舍得离开，我就知道有的外国职员本不想延长在中国的工作任期，可听说他可以留在大连，便欣然同意了。大连的服装节成了国际大聚会，多彩的天空是开放中大连人的梦想成真。一百年了，那个小渔村虽然一开始就好客，可怎么也想不到会来这么多客人。大连是一座开放的城市，开放的美是初升的红日，定是大美。

（1999 年 9 月）

旧名片是很好的记录，它不但提醒你见了谁，做了什么，更让你体味一下这旧名片里的百态人生和变化。

旧名片

家里旧名片越来越多，顺手翻了翻，竟然觉得心头动，像看一本书或一出戏。可能人脑里有个很特别的位置，它任你放一些你不经意但不会忘的东西。不论你开心还是沮丧，劳累还是悠闲，只要你有了一些用过心的经历，你就会想起以前。过去的事，大场面，都远了；大悲喜，都淡了，可有些在无奇无彩的地方偶遇的人你却不会忘，偶尔忆起他，当时的话语依然生动。如果你也翻一下这些年来积留的名片，可能会与我有同感。

人生像剧，角色大小，都有个名。一张旧名片对你可能是一张小纸块，对别人则是一段生命光阴。每一张旧名片都是一本书的好题目。

旧名片上的人今天可能不同了，像我们也在更换角色一样。他们这些年去了哪里呢？如果你还记得这张旧名片上的人，特别是如果你还知道为什么记得他，你就应该能猜到一些他们的去处。

有些人可能还在老地方，他们很快乐。他们还有童心从每天的单调中找到新奇。面部皮肤松了，可他们仍然保有着天真豁达的笑容。你别认为他们什么都不想，他们不过想得比你深入了。这些快乐的时光并没有静止，生活对他们像欣赏一件艺术品，很从容，很安静，也很认真。他们在心灵上走到了别人前面。如果不是这样，我想在一堆旧名片中，你不会记住他。

还有一些人可能也很快乐，可他们已不在老地方。他们升官了，他们发达了。生命途中他们突然走上了一个高坡，世界对于他们好像变大了，大家看他们的目光和角度也有些异样了。可他们还保持着一份收放自如的人生观。他们的名片换了，可他们见了老朋友并不急于分发新名片，新名片代表着新闻，他们并不适应和享受这种变化。面前的缤纷看来是多彩的，他们没有刻意地去迎合它，也没有着意修正说话的腔调。生活对他们是在另一番天地上更踏实和沉重的体验。如果不是这样，他们会是很难过的人；如果不是这样，在一堆旧名片中，你不需要记住他。

还有一些人也已不在老地方，他们可能也不快乐，他们有些失意。他们名片的位置换上了别人的名字。可这些人明白，这个世界的很多事都不随人愿。你可能 30 岁得意，40 岁失意，50 岁又有一番天地。他们知道快乐与否都在变，时间会让过去的所有璀璨变成虚无。他们会重新拿出新名片，向众人宣布自己的位置，向前走去寻求人生的造化。他们把旧名片忘了，你看到旧名片却会记起他们。

名片不知是何时发明的，它像任何事物一样，有新有旧，有个周期，把自己姓甚名谁甚至有多大本事写下来到处发要有很大勇气。有人为了让人记住自己，还把头像印在名片上，可谓用了心思。可你翻一下旧名片，你会发现过去太认真地对待这些纸片今天竟觉得有点可笑。

人人都想在自己走过的地方留点印迹，这是本性，是进步的动力，无可厚非，可历史和人心偏偏不是这样来选择记忆的，你想走到别人脑里的特别位置，让人记住，不忘记，却不会因为你的名片，别人后来想起你，也只会想起名片后面的故事，而这个故事是最难写的。

现代人结交快，但交往淡，来去匆匆。旧名片却是很好的记录，不但提醒你见了谁，做了什么，更让你体味一下这旧名片里的百态人生和变化。

（1999 年 11 月）

心要通，才能沟通；心不通，硬要沟通是件很痛苦的事。

心要通

沟通就是说话。说话的事本来不用再说，可是不说又不行，因为有人不说话，有人不说心里话，所以提出来要大家沟通。其实，《创业论语》开始时我就说过，想大家自由地说话。到今天，还要再提沟通，说明沟通的事不是一句话想沟通就能沟通那么简单。如果说沟通不够，要看为啥，否则单说沟通，更浪费时间。两年前，我曾在集团搞了个总经理接待日，想听听大家对集团工作的看法，现在这个接待日早已名存实亡了，因为没有人来了。我本来想正式取消它，也没做，心想不如留着它，告诉自己这样的沟通方式是无效的。为什么？因为首先它不平等，我是总经理，我来接见你，这不是沟通，是拜见，说起话来肯定不舒服；再者，谁来找你说话，深浅都不是，不知道有无作用，也不知有无打小报告之嫌，也有受报复之恐惧，你说这怎么沟通？这种形式是想用居高临下的姿态来沟通，不成功也是必然的。沟通的形式也是同样重要的。

有人说事太多、太忙没时间沟通，我看也不是。以前的人交通不便，见面少，写信也沟通，见面话更多。现在见面多，又是互联网，反而沟通少了。沟通看来不是一个方便不方便、时间不时间的事。有人说我不太会讲话，嘴笨，与人沟通不好。我以前也以为能说会道的人一定与人沟通得好，现在看来不一定。记得 1984 年在美国看到里根连任总统，一个演员当了总统，我心里搞不清美国人怎么会这么喜欢他。报纸上讲因为里根是一位很好的 Communicator

（交流者），现在的话看来就是“沟通者”。当时想，演员会演戏，沟通一定没问题，现在过了快二十年，再提这件事，才知道如果谁总是在大家面前演戏，他一定沟通不好。里根是一个好的沟通者不是因为他是演员，因为他是一位心胸很广阔的人。所以沟通不沟通不是一个口才好坏的问题。

企业里过去多讲纪律、讲规则，现在大家说沟通，就像经济学，以前都讲计量方法，现在开始讲人文的影响。更人性化地来解释和应对现在的事情是很大的进步，进步是认识上的，但认识不认识并不能解决沟通的问题。

沟通的事第一个需要有平等的环境。上级给下级派任务、下级给上级写报告不是我们所说的沟通，那是传达和汇报。沟通的真意是平等的讨论，是共享信息，可能是上下级，也可能是同级之间。这要一个平等的环境。沟通第二个要求是无私的，如有私心、私利告诉不了别人，那么也沟通不了。沟通的基础是利益共同的，目标是共同的，大家的不同仅在于角度和判断，而不是根本出发点。沟通的第三个要求是包容之心、充分理解之心，这是要对前方的东西看得很清的时候才做得到的。

我想，每个人都有与人沟通好与不好的经历。有时你遇上一个愿意与他说话的人，在一起不用找话题，你也愿意讲自己的真感受，为什么？因为你心底与他有共同点，这个共同点有时可能是因为出身的、家庭的、婚姻的或者其他共同利益而形成的。在企业的同事之间，能形成这样共同点的应该是企业的共同利益、共同目标，也包括共同认可的价值观。心要通，才能沟通；心不通，硬要沟通是件痛苦的事。说了半天沟通，还是不断地说我的，没有听到别人的，但我把我如何看沟通先说出来，也算是沟通的开始。

（2001 年 3 月）

企业管理中人的工作就是要保持团队向心力，并同时提高团队的战斗力。

向太阳

我的哥哥和弟弟都是医生。在与他们的闲谈中，我觉得管理企业与研究医学有些类似，就是变量很多。企业家与医生一样，大家可能是在一万个变量中寻求答案，可是能领会到的只有五百个变量。在这五百个变量中去解题，经常发现答案是在预料之外。与大部分的自然科学不同，管理学与医学还有一点很相似，这就是过往的经验一般难以一直沿用下去，即使是过往已被证明过的答案也经常会变，好像过往被公认的药物或者企业中竞争的方法也会因为环境的改变、对象的改变而改变其效用。人体的精密和奇妙，让想要修补它的人显得很无力。人造出企业组织，使任何想用完好的规律来驾驭它的人力不从心。

中国的企业这几年才开始有意识地反省自己。目前，中国企业管理的很多理论（包括学校里的课本）都是由国外翻译过来的。中国企业家也是很努力地学习国外企业管理的一伙人，大家想从别人的成功中找出一些能为自己所用的方法。可我相信，中国还没有企业完全是因为学习国外做法而成功的。究其原因，是因为变量的处理方法是难以学来的，因为变量的形式太多，前天说品牌，昨天说科技，今天说资本，不知明天成功的企业又要我们学什么。所以，企业的进步不应是追在不可模仿的变量后面照抄，而应找到基础的、根本的、相对稳定的要素来起步。有了这个根本的基础，其他问题自然会得到有效的处理，这个基础就是企业管理的起点，这个基础就是人。这与医学研究的对象是一样的。这几年体会下来，我认为企业中的事，大都可以分轻重、分顺序，而人的事，一定是第一的、基本的，是变量中的定量。

其实，人在企业中的重要性，不知有多少人说了多少遍，再一般地说，没有益处。可我觉得过去讲人才是第一位的、企业的竞争是人才的竞争，是不对的。因为很多企业上了人才的当，吃了人才的亏。过去讲企业竞争是机制的竞争，没有好的机制就没有有竞争力的企业，我看也是不对的。因为很多企业在最优的机制下也出了事。过去讲企业管理的核心在于企业科学的组织形式，是扁平式是矩阵式还是什么式，我看还是不对的。因为组织形式并不能保证其运作中真正的高效率。过去也讲企业竞争力的核心是企业文化，我看这也不对。因为没有什么企业学了别人的什么文化，其实连文化是什么，直至今日还在争论不休。在对人的问题的理解上，以上说的都是局部的手段，而不是最后的人的组织的核心问题。最近，华润啤酒的王群写了篇文章，叫《我们的队伍向太阳》，我觉得很好地表达了核心问题，这就是“我们的队伍”“我们的队伍是否向太阳”，用今天企业管理的话说就是团队问题——团队的形成、团队的向心力和战斗力。前面讲到的所有的人才、机制、组织形式、企业文化，并不是不重要，它们很重要，但它们都是服务于企业最终要形成一个好的团队的，而任何一个片面、局部的强调，都破坏了团队的整体战斗力，都会使企业陷于不停的困惑之中。企业管理中人的工作就是要保持团队向心力，并同时提高团队的战斗力。企业中好的团队应该是一群有能力的人，在现代市场机制下，用适应自身基础的组织形式，有志同道合的使命和目标，构成统一协同行动的团体。

团队是竞争环境的要求。华润目前面临越来越严峻的竞争环境，特别是在内地的投资，处在全面的竞争形势之中，我们也在吸引好的人才，引入好的机制，采用科学的组织形式，形成积极向上的企业文化，并迅速建立我们的团队。这就是我们在未来成功的关键。我们过去做出了一些成绩，未来会更好，因为“我们的队伍向太阳”。

（2001 年 12 月）

我觉得人与事的关系其实是很哲学的事，是虚与实、无形与有形的关系。

人与事

人与事的关系看来挺直接，其实很曲折。特别是一群人的组织与事的关系就更是这样，同样一件事，有一群人做好了，另一群人做不好。我觉得人与事的关系其实是很哲学的事，是虚与实、无形与有形的关系。古人讲过，万物生于有，有生于无。我猜这里的“无”可指人和人的思想，人与事的关系，人一定应在前面，人是根源。但这里的“人”，就不单指个人的一般存在，而是指有活跃思维的人的动态的组织行为关系。对这种关系的认识，我们也在不断进步。我过去写过一篇短文，题目叫《人在上》，是想说明人在企业中的重要性，但仅知道重要性是不够的，还要组织好这些人来完成共同的目标。对人与事的关系，我们在观念上受到很深的文化影响、企业历史的影响。同时，我们自己也在时间中慢慢地多了一些领悟。

过去我们常说的一句话，实际上也是一种潜在的人与事的观念，叫一个和尚挑水吃，两个和尚抬水吃，三个和尚没水吃。这句话往往被当作既成的现状和组织效率低的借口。但事实是，一个和尚也可以没水吃，如果他不会挑水；二个和尚也可以没水吃，如果他们不会抬水；而三个和尚也可以有水吃，只要他们找到一种吃水的方法。实际上，现在的和尚庙，和尚都多过三个，可谁也没渴死，都有水吃，因为大家一起找到了吃水的方法。这种方法可能是技术的，可能是分配机制的，也可能是团队组织的，反正三个和尚没水吃的观念被打破了。这种情况，在工业化开始的时候就出现了，只不过人的观念没有变，起码没有现实变化得快。

过去我们还常说一句话，叫三个臭皮匠，顶个诸葛亮。这也是一种潜在的文化观念。这句话从集思广益、掌握更多信息来讲是对的，可前面刚讲过三个和尚没水吃，怎么又说三个臭皮匠会比一个臭皮匠好呢？看来传统的思维观念在逻辑上是有矛盾的。而在现实中，三个臭皮匠，往往还是三个臭皮匠，人多并不能改变臭皮匠的现实，要不怎么会有人很多却很落后的地区呢？如果内部组织系统不好，三个臭皮匠还可能会变成三个臭和尚，不但不会变得聪明，变成诸葛亮，反而会没水吃，会吵架，还不如一个臭皮匠。所以，现代企业组织中的人与事的关系决定于人的素质、组织形式的科学性，而不是人的数量多少，也不是一种松散组织下一般的大众参与。

我们公司内部，也有类似的问题。这段时间我们有几个很重要的利润中心的总经理变动，因为这些变动与我们以前的通常的做法不太一样，可能会引起一些猜测。过去，这些职位大都有相对较稳定的预期，或者说是一种公司内部人与事的观念，只要不是业务出了大问题、个人出了大问题或者到了退休年龄，一般不会动。而这一次，这些人的变动完全不是因为上面的原则。相反，公司这一次较主动地从业务重组的角度出发，从发展前景出发，从人尽其才、团队建设的角度出发来调整了这些职位，公司根据竞争环境的转变来加强对管理团队的调整，是一种积极应变、增强整体竞争力的做法。这些利润中心的负责人，在过去都做过很多有贡献的工作，我也相信今后他们在新的职务上会做得更好，这样公司就更前进了一步。从相对事后的、防守性的对待人与事的态度，转变为从公司整体战略来考虑、积极主动的态度，可能也是我们的观念慢慢转变的结果。

在主动调整管理团队的同时，公司的基本价值观不但不应改变，还应该在过程中不断得到加强。股东价值和员工价值的观点，业绩文化的观点，公正评价的观点，团队建设的观点，人尽其才、与人为善的观点，激情投入的观点，诚信和学习的观点，鼓励发展创新的观点等，这些观念正在我们中间慢慢形成，也在不断慢慢演化进步。我们的工作，我们对人和事的态度，都会不断地加强和改善这些观点。这些观点说起来是虚的、无形的，可就是它们决定了我们的行为和企业的成败。这可能就是虚与实、无形与有形的关系。

（2002 年 4 月）

态度决定一切。

世界杯

说实话，不是事后诸葛亮，中国足球队在沈阳五里河出线的时候，虽然大家都很激动，我对中国足球队并没有发生很大兴趣。后来大家又说中国足球队因为分组运气好，有可能小组出线进入 16 强的时候，我也没有报太大期望。可是在世界杯开赛的前几天，偶然的机会听到有人说，中国队的教练米卢曾讲过，“态度决定一切”，我听了后心头猛然一颤，心想“态度”这种虚无和哲学的事本应是中国人自己来讲，米卢顶多教传球、射门，可米卢偏偏教中国队态度，而且说得这么狠、这么绝，中国队这回看来真的要成事了。

可中国队后来没有成大事，世界杯却不断出意料之外的事。因为我这一段刚好出差到全世界路演，走了不少地方，虽然没有看到多少足球，可是感受到了很多态度，态度真是决定了胜负。

中国队最后一场对土耳其队，我有幸在场，球迷态度很好，可球队态度不好。中国球迷那时已没有奢望了，可还做足了球迷的功夫，倒是球队可能觉得反正球已输了，再输一场也无所谓，再进一球也没用，这场球我看到的不是布局、技术，而是态度。一个球队想输得体面一点也做不到，看来真是因为态度。米卢讲态度决定一切，看来从他讲到落实到球员的行动上还有距离，一个老外教练怎么把他的思想讲清楚，落实下去的确是难题。

韩国队对美国队的那天汉城（现为首尔）下大雨，比赛在外地举行，汉城的 40 万球迷站在大街上冒雨呼喊，态度可谓坚决。韩国上下一片红色，电视上最常见的镜头是女球迷激动地哭泣和白布包头的队员在场上奔跑。别人把球赛看成游戏，最多是体育运动，可这个国家把球赛看成了生命。大街上的标语写的是 Korean Team Fighting（韩国队在战斗），拼命的味很浓。韩国队与几个欧洲球队比赛时，我在欧洲正好路演，一路上几次被人问是不是韩国人，我说韩国队如果真把德国队赢了，欧洲可能要取消足球运动了。在伦敦机场，大屏幕的三星电视，前排都是韩国人，大家在看韩国队打败意大利队，那种感觉对韩国这种国家来讲是很好的。近期韩国的股票也升，币值也升，大家又异口同声地说韩国是金融危机后恢复得最好的，听说近来中国也出现了“韩流”“哈韩”（虽然我问了几个人也没搞清“哈韩”是什么意思），看来这个国家的态度要发挥作用了。

英国人对足球的态度是把它当成一场好玩的游戏，虽然他们也很投入，有时疯狂，但他们不会真的伤心落泪，就像英国人对皇室，消遣多过忠诚。英国队对巴西队的比赛，凌晨很早伦敦的球迷就到 Trafagar Square（特拉法加广场），英国警察为了防止球迷暴乱，把广场的水池都围了起来，说是怕大家往里跳。韩国的球迷这么投入，可从来不做捣乱的事，英国的球迷还没开始，大家已经要防他们了。这里的态度不同又看出来了。英国队输了，大家都来抱怨守门员，英国报纸的标题竟然说因为他的失误使英国输了。我在飞机上给英国航空公司的一位服务员讲最好不要太责备守门员了，这位空中小姐看来不太懂足球，她说，是啊，我还以为足球是十一个人的游戏呢，怎么现在都怪这一个人啦？英国人的态度就是这样，这样的态度输赢都走不了很远。

在德国给我们开车的司机是意大利人，他知道意大利队输给韩国队后说，现在我开始支持韩国队了，希望韩国队打败德国队。我问他为什么，他说韩国队赢了意大利队，要再能赢德国队，起码意大利队不会太丢人。在英国也听到有人讲希望德国队输，说不论谁打败德国队，只要德国队败就好，看来德国队在欧洲不受欢迎，可能是德国人的态度造成的。不过在德国，问到一位基金经理，是位博士，我问他怎么评价德国队，他竟然说，他不是球迷，不关心足球，德国队输赢他并不清楚！真让人领教了德国人的严谨和分工精细，这可能是德国人的态度，这个态度也成了很多事。

我们到爱尔兰都柏林的时候是晚上，街上人很少，餐厅都关了门，原来十几万人去迎接爱尔兰队回国。我本以为爱尔兰队成绩很差，可爱尔兰人很满意，他们说“Our boys did their best.”（我们小伙子已做到最好了。）这也是态度。看来谁都知道冠军只有一个，谁也没有说让自己的球队一定得冠军，否则就翻脸。可是，大家都很想看到态度，看到用心，看到奋斗的激情。

中国队输给土耳其队后，我问韩国朋友，如果韩国队刚开球就输了两个，韩国球迷还会加油吗？他说会。我说你看到场上的队员不卖力、不跑动，是生气还是给他们加油？他说加油。看来这种精神我们得体会一下。还是那句话，态度决定一切，不仅是运动员的态度，还有观众的态度。

（2002 年 6 月）

为企业文化而建企业文化是徒劳的，企业文化不是一杯可以随时解渴的水……

新文化

1985年，我买过一本讲企业文化的英文书，当时只觉得书名新奇，没有真看懂。后来在公司里，我也不断提到企业文化，但只是一般概念，很苍白，也起不到作用。再后来我们也请过清华大学教授来公司讲企业文化，也研讨企业文化，我自己也写过这方面的文章，一直到最近，还有人向我提起华润的企业文化，可企业文化在我脑子里一直是一个很熟、很近但又很不具体的概念。直到最近去了华神制药，我才突然意识到原来企业文化是结果，不是手段，而且这个结果是精神的，它会反过来影响，甚至指挥人们的行为，但是作为一种组织行为的结果表现，人们却不可以指挥它。企业文化是企业所有管理行为在精神层面上的反映，与企业所有管理行为相对应。过去，我们总尝试用某一局部的取巧来建立企业文化，看来是过于简单了。

华神制药是华润一项很小的投资，小到大家不知道它。这几年，药没有变，技术没有变，厂房没有变，从新的管理团队建立后，这家企业变了，营业额大了，利润多了。让我感受深的，是这个企业有一股劲。这股劲在大家的眼神里、笑容里、脚步上，我想这一定是企业的文化。在与华神制药的同事们座谈的时候，我突然觉得企业文化容易理解了。

企业文化首先是一种无形的，不是写在纸上的行为规范。事实上，任何社会，企业的行为都不可能无遗漏地用文字、纪律规范下来。没有企业能规范员工在家里想什么，没有人规范在成本预算做完后如何再去节省，没有人规范公司的经理用什么口气与员工谈话……还有很多，远多过企业守则里可以写下的，但企业恰恰自己会形成这么一种文化的规范，很有力、很严密、很自觉、很统一。这种规范进入了意念的精神层面，不认可这种规范的人会被企业排斥，这是健康企业文化的第一阶段，我在华神制药感受到了。

企业文化的进步会自然地进入更高层次，这就是一种精神状态。它不是规范和准则，不是被动的，是动态的精神状态，是一种对所有事情的态度。这种态度就更看不见了，但它弥漫在大家之中。市场竞争激烈怎么办，企业初期条件差怎么办？小企业有没有发展，企业员工如何主动地推动企业的进步，企业文化在这里表现为积极、坚韧、奋斗和信心。有了这种精神状态，就有了企业进步的原动力，就有了一个企业由差变好、由小长大的可能。从华神制药进步的历史看，这家企业正在走这一阶段。仅有愿望和决心还不够，企业文化也不能仅仅停留在组织对目标的向往，企业真正走向成熟要求企业进入学习创新的文化气氛，要求科学的态度、对环境的敏感、对创新的追求。其实，企业里一般都会有人追求新的、更有市场价值的东西，但那不是文化，只有整个组织都有意识自觉地创新进步了，这个企业才有威力了，才可以谈学习创新的文化了，这样的企业才不断有新的产品、新的生意模式、新的思维的员工出来。这是许多好企业的共同特征，是建立在企业的无形行为规范和精神状态之上的。我看华神制药也正朝着这个方向努力。

与达观的人生态度相联系的成熟的企业组织心态是企业文化的最高层次，企业文化在这个阶段变得稳固了、持久了。精神的东西这时对物质世界的反作用最大。它甚至不会因为形成它的物质层面的东西一时的改变而改变，它不会因为某人的变化而变，不会因为某个架构的变化而变，也不会因为某个外部评价标准的变化而变。企业文化在这时有了一个稳定的核，变与不变在这里得到了辩证的统一。这个组织有极大的兼容性、同化性，这个组织是无敌的。要想接近这个层次，我们还要努力。

为企业文化而建企业文化是徒劳的，企业文化不是一杯可以随时解渴的水，怎么才有好的企业文化，这等于问怎么才有好的结果，你可以去问问华神制药，也可以自己想想。但从企业文化作为精神的结果来看，它是可以不断地来检验我们的。

（2002 年 11 月）

如果你能在漫画书中和哲学著作中看出一样的道理来，就像你在孩子的笑和老人的笑中看出一样的天真来，感觉一定是很妙的。

黄金屋

能不断读点书看来是件挺要紧的事，不论你是干什么的。我觉得读了些书的人眼神也平顺些，祥和些。我们通常爱把读书和学习放在一块儿，我看也可以不这样，因为学别人往往是件苦事，可读书不是。读书其实是一种深度的安静，人在安静的地方待长了，心也会得到调养。我们见到的有大学问的人，年纪越大，越让人觉得仁厚、舒服，我想那应该不是学来的，是书中的安静熏陶出来的。

我们每个人翻开一本书，都会在其中找到自己的领地。一本《红楼梦》，有人读出了文学，有人读出了哲学，也有人读出儿女情长。书是啥感觉，最终是读书人读出来的，不是作家写出来的。所以读书的乐趣不是学别人，而是感受自己。

对书的感受程度也是一个人不断成长的过程。书内、书外是相通的，如果你回头看一下自己的书架，你会笑自己为什么以前还读这本书，就像你今天感叹自己头上的白发，读书的感觉是与你一起成熟的。没有书外的阅历和思考，你也不会有对书的认识和鉴别，更不会有读到自己喜爱的书时忽然大悟的幸福，因为那时你在书外。只有书内、书外融为一体了，书中的话成了你的思考的延伸和生活的印证，书才成了你的知己。这时你会面对书本发出会心的笑，你会觉得书读不动了，因为它让你联想太多。这时你会觉得自己很笨，因为很复杂的事别人一句话说透了。这时你才觉得自己没话说了，因为有水平的话别人已说完了。

儿时读连环画，是好奇心在看这个世界的一个角落，因为太大、太远的地方看不到，也看不懂。年轻时乱翻书，因为心气高，不知道自己要什么。心智开始成熟的标志是你突然喜欢上了某个作家，并不一定是最优秀的作家，你爱读他的书是因为与他有了交流，认同了他看事情的态度。如果你跟踪他的书，看他的生命，你可能已在反思自己思想形成的原因了。有一天你可能喜欢看历史的书，这时你对自己所处的年代有觉悟了。再有一天你可能会喜欢读哲学的书，这时你想在纷杂中找规律，在下游找源头了。这时你再回头翻一下自己以前读过的书，你才知道当时并没有读懂。就像世间万物是相通的一样，书也是相通的，有经济学家出诗集，有哲学家写散文，也有物理学家讲美学。读书也是一样的，如果你能在漫画书中和哲学著作中看出一样的道理来，就像你在孩子的笑和老人的笑中看出一样的天真来，感觉一定是很妙的。

我时常觉得写好书的人是很大方的人，他们把对生活的凝练和思考的煎熬无私地告诉了别人。我也觉得读好书的人是聪明的人，人不可以长生，但生命可以借助别人在读书中得到扩展。这种精神的扩展容量很大，要比物质的所有大很多。就像生活中的精彩不是每天都有一样，书中的精彩也不是处处都有，一本书有几个地方让你觉得读到心里去了就够了，这时你的生命不但经历了自己，也经历了别人，在自己与别人的比较思考中，你有了比自己摸索更多的感悟，这是很快乐的一件事。

像做别的事情一样，读书要能读得进去，还要能读得出来。古人说书中自有黄金屋，可这屋里的真金子要自己去找到，还要自己能把它带出来。

（2003 年 3 月）

团队像人一样，应不断进步成长，是一个生命体。

团队魂

团队一词企业界用了很久了，言必称团队成了企业中的语言习惯，因为大家都知道企业中一个人或少数人难以干成什么事，要成事大家又须是一体的。团队的提法开始起到了凝聚大家的作用，可慢慢这个词用多了，也不再深究它的含义，作用也就难再深入了，可见什么概念都不能只停留在一般号召的层面。

企业间的市场竞争不激烈的时候，大家并没有觉得团队的重要。其实，“团队”这个词是市场竞争逼出来的，是一个生存的词汇。市场的力量很厉害，它不仅造就了我们周围丰裕的商品，而且还在逼我们持续地改变我们的组织。团队的概念和实质都是在市场竞争下组织不断发展，不断优化的结果。虽然它不像商品的充足与贫乏一样那么容易感受到，却是左右物质现象的根源。

团队的元素是个体，团队的基础是对个体特点的充分尊重和宽容，一个好的团队中个体的差异和能动性也会得到发展空间，这样才有了团队的互补性和整体的丰富性。这样的团队才是一个有机体，有内在的活力和创造性。团队的整体与个体的关系可以是健康团队的基础，也可以成为破坏团队的原因，因为任何组织中对个体都有基本的要求，对个体的自由都是有限制的。世上万物都是以类分的，属于一个团队就要属于这个大类，否则就会遭到排斥。团队成员中有相对一致的对自己人生的定位和自我价值的实现方式。努力完成团队的共同目标是团队可以建立的基础，也是团队的灵魂。团队也应在基础上不断优化、调整它的成员。影响团队健康发展的表面因素很多，如职务、待遇、性格等，但除开表面的原因，团队的核心首先应该是精神的、文化的。

团队中成员的作用是不同的，责任也不是平分的，就像一支球队，每个人都有自己的位置，这样才有了团队的和谐美妙之处。讲团队给人的第一印象好像是讲团结，这很重要，但是不够。市场竞争中要求团队是不断进化完善的。在这个过程中，团队的核心很重要。核心的价值观、核心的组织是团队得以保持稳定和维持生命力的基础，没有这个稳定的核心就没有团队吸纳别人、包容别人、调整自身并同化别人的能力。这个核心的基础在企业中应该有很强的放射力和渗透力，这是企业组织中的骨架。一个企业在某个时段上有很好的发展，一定有这样一个好的组织骨架。

团队像人一样，应不断进步成长，是一个有机生命体。团队进步的基本条件是能持续地学习、反思、沟通，有自我批评的承受力和能力，团队中有不断找出自身不足的文化，这是团队成熟和自信的表现。能学习、会反思的团队表现了对大目标的深刻理解和执着，也表现了对实现目标过程的坚韧，特别是有对过程中遇到困难和挫折的应对能力和奋斗精神。在这样的团队中，沟通的速度快，成本低，信任多，抱怨少，团队成员中想到的、说到的、听到的、做到的有高度的统一。

团队往往在内外环境的变化中受到磨炼，也受到考验。好的团队和它的成员能经受住角色和职务的变化，以及评价标准公平与否的压力。这时个体的、短期的利益可能与团队的大目标有了暂时的背离，这时一般地讲团队精神就显得苍白了，这时就要看这个队伍是否真的有深入人心的团队的灵魂了。

（2003年6月）

企业的真正生命力一定是来自它的团队、它的价值观和由此产生的使命和目标，这是企业内在的核心动力。

白洋淀

如果你没有到过在白洋淀的华润集团管理学院，我和你说很多可能也没有用，因为很多事要靠自己的体验和感受，学院这种地方更是这样。就像有时你兴致很高地问别人一件事，可听的人却突然把话题岔开了，不是因为你的故事不好，而是因为大家经历感受不同。我们在白洋淀的华润集团管理学院是要让大家体验和感受的，这其中有物质的、外在的，更要紧的是精神的、心灵的。学习本来是一个很复杂的行为过程，仅靠书本是不够的，单靠学别人也是不够的，环境的冲击和自身的感悟结为一体才是完整的学习过程。如果这个过程有目标、能持续，它就是学院的高境界了，就近乎洗礼了。

企业在多变的竞争环境中生存，本应像高速行驶的列车，途中要不断地加油和修理，可在组织中这种修整的有效性往往成了疑问，因为人目前还没找到一种简单的方法可以普遍使用。组织形式及其环境的多样性使企业生病的可能性远远大于每一位成员，而能使组织健康成长的灵丹妙药别人不会替你找到，只能由自身来探索。这种探索的唯一方法就是企业要不断地反思自身。反思的前提是自己要跳出身外，把自己看成病人，把自己看成研究的对象，把自身的问题看成学术问题，暂时抛开情面和功利，找到理智的答案，管理学院能做到这一点就很有用了。企业中有一件很让人困扰的事就是它的错误可能不断重复。企业组织在设计上没有与生俱来的免疫系统，而企业的进步、企业的寿命要依靠企业自身自觉地建立这个系统。企业组织中能否科学地寻找方法、总结规律并渗入组织肌体中去就把企业素质区分开了。你今天翻开二十多年前读过的MBA课本，会吃惊地发现当时的很多道理都讲得很清楚，可是要在企业中真正实行它，是一个很艰苦的实践和领悟的过程，企业的管理水平的积累也由此开始。管理学院应该成为一个找规律、找方法并积累它们的地方。

企业中还有一个很让人迷惑的地方，就是你的努力和成绩有时不成比例，企业的变量中到底什么最影响企业表现也不断地被争论。其实从企业发展的历史看，这不过是一个核心原因和表层原因之争、长远发展和短期投机之争。企业的真正生命力一定是来自它的团队、它的价值观和由此产生的使命和目标，这是企业内在的核心动力。我们做了一笔不错的生意，我们高兴；我们做了一笔不错的投资，我们高兴。如果我们的团队不能长久地进步和提高，可能这些都是暂时的。白洋淀这个地方应该成为我们团队发展进步的学院，由此给企业提供不断前进的动力，达成企业长远的目标。

华润是一家并不年轻的公司，但我们的很多业务都是非常年轻的，就像华润集团管理学院院子里的小树，都处在生长期，只要我们精心地看护它，不断地培育它，科学地修整它，它就会很好地成长，等到白洋淀小树长成大树的那一天，华润也一定会是一家更好的公司。

（2003 年 9 月）

企业文化的真正作用就是把正式的理念推广与非正式的信仰结合起来。

非正式

最近浙江一行，见到了那里很多的同事，虽然都是很短的会面和谈话，可留给我的印象要深过看到的一些实物的资产。人总是最有灵性、最生动的展现，是他们把这些厂房、机器、商店变成了一个个鲜活的生命体。特别是会后大家轻松地在一起吃饭，我感受到了他们感情中更美好、追求中更深远的流露，觉得体验一个组织完善、丰满的成长，可能需要正式的、非正式的两个层面。

人其实永远活在正式和非正式两个层面上。一个人早晨上班，这是正式层面的工作，是在组织行为规范下的活动；下班以后，或与同事聚会，或与家人在一起，或自己沉静休息，这是正式组织边界以外的事。企业往往关心员工在办公室内的时间，关心他们在正式会议上的意见，忽视了非正式意见的存在，这样的企业其实信息交流是不完善的，企业中不同层面上的经理人的隔膜由此而生。有些企业组织鼓励人们积极沟通，不在非正式场合发表与正式组织目标不同的观点，这其实并不能消灭非正式的意见和评论，因为这是做不到的。企业活动是有组织的群体行为，个人行为在群体行为规范下就一定受到许多约束，要有释放的地方。健康的企业组织会努力减少非正式的消极情绪并缩小正式组织目标与非正式评论的距离。

正式活动的典型形式是开会，开会的内容之一是讲话，讲话的意图之一是做指示，想通过一两次会议解决企业的问题往往是天真的。企业中命令形式的会议和讲话往往达不到效果，如果是在军队，命令式的会议一般会奏效，这是因为军人的天职所决定的，可企业中不应有这样的期望。不论听讲话的人看起来多认真，做指示的人一定要估算一下，这样的讲话有多少内容人们真的听进了心里，会真的转化为行动，会议休息时大家会在走廊里有什么样的议论，否则可能真的白费功夫。如果把会议变成不那么拘谨的、启发式的、讨论式的、人人参与式的，把正式的会议变成有点非正式的，会议的效果就会好很多，正式的与非正式的两个层面距离就拉近了。所以，在统一目标和规则的条件下，企业中能营造出具有人性化的轻松、愉快、开放和有活力的工作方式是很要紧的，企业越是面临着巨大的竞争压力，就越是这样。

企业越来越注重推崇健康的企业文化，企业文化有许多正式的推广方法，如会议、标语、企业刊物、职工联谊活动等大多数企业都搞，也容易让人感受到，可困难在于并不是企业在形式上推广什么，什么就真成了企业的核心文化，形式上的企业文化往往成了骗人也骗己的东西。企业文化的真正作用就是把正式的理念推广与非正式的信仰结合起来。文化的诱导和渗透力最强，如果企业文化在非正式层面的行为上看不到，这一定不是真正的企业文化，如果员工在非正式层面上的表现行为与企业自认为的文化差距太大，这个文化一定是假文化。如果企业推崇学习文化，只能表现在企业正式组织的训练班上，而看不到员工在非正式层面上认真地收集资料，在家里和出差的飞机上读书学习，这个学习文化就一定还没有形成。所以，对企业文化的感受，在非正式层面上往往比正式层面上还要深刻。

企业中做员工满意度调查，用不记名的方式，就是想把非正式层面的意见提到正式层面来认识、来解决。因为非正式层面的意见与企业的正式目标不一致是对企业有害处的，如果两者拉开了很大的距离，非正式层面的意见可能左右正式层面的意见，企业组织就会很涣散。同样，我们经常看到一些好的企业，它的员工不仅在工作的正式层面上认真努力，在非正式的层面上、在员工的相互交流中、在亲朋中、在自己内心中，真诚地热爱自己的企业，充满信心和激情地推动企业目标的实现，这是企业组织发展的高境界。

在与浙江见到的一些同事的交流中，我感受到了很多正式层面的企业目标与非正式层面的评论和意见的一致，但在任何企业，这些都是动态的、变化的，继续推动两者的统一是我们还要继续努力的。

（2004 年 1 月）

付洪炜说的话每一句我几乎都记得，因为它让我回味了很久，让我感觉到了一个透明的、高尚的灵魂……

付洪炜

认识付洪炜是在一个很令人伤心的地方，是在医院的急诊观察室里。如果不是这样，可能很长时间我也不会认识他，不仅仅是不认识他长得什么模样，更不会认识他是什么样的内心。付洪炜是华润万家超市的一名普通员工，负责流程的编写和优化，他几个月前才由一家外资企业加入华润，可很不幸，他在浙江出差途中出了车祸，受了重伤。我刚好在浙江，去医院看他，这样就在一家小医院的急诊观察室里认识了付洪炜。

去医院的途中，同事告诉我，付洪炜两天前受伤，眼睛有失明的危险，家属也来了。我心想，三十刚出头的小伙子，遇上这样的事，情绪一定很差，也可能会提出一些要求，我一定要好好地劝解他，如果他有什么要求，我也会尽量答应。

见到付洪炜，他还躺在床上，头上裹满了纱布，我握着他的手说："洪炜，公司没有照顾好你，让你受了伤，希望你……"，还没等我把话说完，他就抢着说："哎呀，宁总，怎么您也来了，惊动了这么多人，真的不好意思。"我觉得他握着我的手很有力，我还说了些什么话我不记得了，可付洪炜说的话每一句我几乎都记得，因为它让我回味了很久，让我感觉到了一个透明的、高尚的灵魂。付洪炜说："我刚加入公司，还没给公司做什么贡献，就给公司添了这么多麻烦，真的很对不起。""我受伤后，公司这么多同事照顾我，这么多领导来看我，我无以报答，只能伤好后全力做好工作来报答公司。”他还说，“我很快就会好的，很快就可以工作，用不了多久。”“宁总，您放心，我知道我眼睛有问题。现在看来我右眼问题不大，左眼有问题，没关系，我一只眼也可以工作，也可以写字。”

从医院出来，同事告诉我，付洪炜是在凌晨出的车祸，是赶去参加一家新超市的开业，他受伤后送到医院是昏迷的，第二天醒来，还没说几句话，他就问：“我们那家店首天开业好不好？”同事还告诉我，这不是电影里的英雄故事，这是真事。

我们现在也不知道人的品格是先天形成的还是后天才有的，但人和人一定是有不同的。在和付洪炜很短的接触中，我感受到了他品格中的积极、坚毅、乐观和高尚。这些不易得，特别是人在遇到挫折的时候不易坚守。付洪炜不是华润教育出来的，他才加入华润几个月，就是时间再长，华润也没有那么大本事，但这个新来的人能让华润体会的很多。

我本来不想写付洪炜的事，虽然他给我很多的思考，但我觉得有些悲凉。可有一件事改变了我的想法，这就是最近我收到付洪炜父亲的两封来信，这位七十多岁老人的信再一次让我心灵受到震撼。

老人说：“小儿受伤，公司这么关怀，我的全家万分感激，我的全家谢谢大家了。”“我儿刚到贵单位，还没有什么贡献，就造成麻烦，只能以后更勤奋努力工作来报答了”。“国有国法，家有家规，公司有规章，如果谁向公司提不合理的要求，请公司以我的亲笔信为证来拒绝。”老人还说：“千万不要责难司机，他已很自责了，我相信这位司机不但会成为一个好司机，也会成为一个更大的有用之才。”

真是有其父必有其子，老人的话与付洪炜的话如此相像，也更多了一些温厚和善良。老人的第二封信让我知道他是多么爱他的儿子，宁愿牺牲自己。

老人说，他女儿从网上查到换眼球可以治好洪炜的左眼，他想把自己的眼球换给洪炜。他说这样时间短，花费也少，器官排异性小。为了说服大家同意和证明他自己“不需要”左眼球，老人说，他写给我的这封信就是盖住左眼写的。

我到现在也不知道是什么造就了这样一对父子，我也不知道付老先生是什么样的职业，是怎样培养、教育儿子的。高尚、善良、为他人的心在父与子身上表现得这样淋漓尽致，我只知道他是好人，我在心里向他敬礼。

（2004 年 3 月）

表面读书是没用的，要真的读得进去，真有体会才可以。

读书的态度

我向大家推荐两本书:《基业长青》和《转型》。这两本书可能大家已看过了，现在再来郑重其事地推荐是因为觉得这两本书讲的事与中粮集团的实际很相近，想让大家通过读这两本书来更系统地、深入地参考他人经验、对比自身，想一想中粮自己的事。

其实，现在市面上可读的东西很多，这两本书的作者也写过其他的书，推荐这两本书并希望看到读书的风气在我们公司形成是想慢慢地在公司里建立学习的文化。这种学习不仅是读书，而是一种态度——研究思考问题的态度、树立远大胸怀的态度、向别人学习的态度，只有我们的团队这样做，我们公司才会有好的发展。我一直觉得遗憾的是中国企业界的读者目前都在读外国作者、外国公司的书，中国的企业在探索中还没有形成更多有系统的思考和经验，但愿我的工作和探索在未来可以形成一些深入的观察和思考，为中国企业的进步取得一些经验。

第一本《基业长青》(我觉得两本书的书名翻译得都很好，很贴切)，其实就是我们今天常说的可持续发展、百年老店，是以调研比较的方式写成。该书是从理念、管理思想的角度出发，说的是道，不是术，没有讲经营的技巧，而是讲指导思想，讲文化，讲组织，说了长远目标、战略、文化、组织、管理团队的形成等。该书是实例比较，又有理论分析，所以说服力、可读性很强，虽然时间离我们稍远了一点，但读来并不觉得陈旧。有意思的是，这本书是大约

10 年前一位香港的商人送给我的，当时他的企业刚上市，很成功，可后来没几年他的企业经营不好，股份出让了。看来什么书也救不了企业，读书还要有悟性，还要自己去实践，同时也说明，表面读书是没用的，要真的读得进去，真有体会才可以。

第二本《转型》，英文的原意应该是直面现实。这是一本新书，作者两年前刚写过《执行》，是作者自己观察的所得，主要讲的是经营环境的改变要求企业不断在转变中适应才能生存，讲了战略、组织、文化、具体经营方法的转变，

《转型》主要集中在行业和商业模式的转变上，应该说是一本讲战略为主的书。其中的很多提法我们过去都听说过，可作者把它们串到一起来，再加上例子和分析，读来还是让人很受启发，更能验证我们自己过往的一些思考和实践，更加认识到企业的转型，不论是大的战略上的，还是经营方式上的，都是不断进行的，是企业管理的长期内容。特别是书中不断重复的转型、商业模式、商业头脑、行业的周期性及结构性变化等，离中粮集团今天的实际很近，很有启发性。书中理论不多，例证很多，很易读，也很有趣味性，相信能带给我们很多思考，从而对中粮集团的转型有新的认识。

两本书，建议大家用一点时间读一下，也建议读完后组织某种形式的交流，也建议公司以后能不断地有好的文章和书推荐给大家。这样我们可以知道世界上好的企业都在干什么，会开阔我们的眼界，提升我们的目标，提高我们对话、思考的质量，与好的企业在同一平台上分析现实，从而找出我们的优势和不足，增加我们的商业敏感和前瞻性，激发我们组织的活力，把中粮集团发展得更好。

（2005 年 4 月）

真正摸到通用电气这家公司的核心不容易，可仅从表面的人们的谈话用语来看，这家公司的管理思想穿透力是很强的，人们想的一样，说的一样，努力的方向也一样。这是一家很整体的公司。

克劳顿

看一家企业好不好有很多方法，可以看财务报表，也可以看业务流程，这是惯用的方法。也有凭直觉的方法，比如看一看企业挂在墙上的霓虹灯是不是有一半已经不亮了，或者看一下企业的洗手间是不是干净。虽然角度不同，但显示的准确性不一定差。无意中的现象有很强的暗示性，因为企业是整体的，企业的水平会在每一个角落里表现出来，这种代表企业素质的细节渗透力之强和无所不在让人吃惊。比如与一家企业的人谈话，用不了几句话，你就会通过这个人对他所在的企业形成一种感觉，这种感觉可以用来推断企业很多的事情。

我在通用电气的克劳顿村培训中心（以下简称克劳顿）的几天，很深的印象就是重复，不是所讨论内容的重复，而是无论什么内容，都会归结到一种不断重复的理念上去。从很基层的员工，到几个重要业务单元的CEO，到杰夫·伊梅尔特本人，都在很自然的状态下不断讲一样的话。听说他们事先并没有统一过讲什么，可谈到对通用电气的过去、现在、未来的看法，他们都用惊人的统一的用语。甚至刚到通用电气几个月的员工，如果你不问他，在谈话中你已感觉不到他是刚来的，因为他说话中的观点与别人是一样的。即使在一些很容易引起争议的地方，无论在正式的场合还是私下，你都不会听到有抱怨和不满的话语。比如通用电气大力推行的国际化，在组织形式上用的是矩阵式架构，通用电气中国虽然看起来是区域总部，但并不直接管理业务，只负责公关、部分人力资源和后勤保障，具体业务由不同的业务单元直接管理，向美国总部汇报。这种架构很容易引起矛盾，要么抱怨对方不得力，要么争功劳。可当你向对方提到这些问题时，他们都会很认真地解释这样的架构如何有效率，通用电气的工作方法和文化如何使这种架构畅顺地运作。这几天刚好是通用电气内部架构大调整，原来的 11 个业务单元重组为 6 个，副董事长退休了两个，新任命了三个，中层更是有很多的分工和职务的调整。这种事情在许多公司一定是满城风雨，可在通用电气好像很风平浪静。因为重组的决定是保密的，我相信事先不会用太多统一思想的教育。可当你问到这件事，无论是被提升的，还是因为架构重组事实上有些降职的，他们都会说公司的架构重组是要不断进行的事情，自己的职务没有变，只是汇报的线路变了。其实大家都知道，这是杰夫·伊梅尔特掌管通用电气后进行的最大的一次机构和人事重组，影响一定不会小，可看起来这个公司的人真的可以用一种统一的正面的心态来面对。

通用电气的人共同的常用的词很多，频率最高的是“增长”，几乎在所有的文件上、谈话中，“增长”这个词都以几十次的频率重复；同时，几乎每个人，不论是大的经理，还是小经理，都会说公司要从外部着眼，客户优先；公司要国际化，不仅要国际化销售，还要国际化采购，还要国际化生产；同样的，像技术领先、领导力发展、无边界协作、不断变革、简化机构、公司治理、现金流、六西格玛、为投资者创造价值等，几乎在每一次的课堂上都被提到。真正摸到通用电气这家公司的核心不容易，可仅从表面的人们的谈话用语来看，这家公司的管理思想穿透力是很强的，人们想的一样，说的一样，努力的方向也一样。这是一家很整体的公司。

当然，还有一个名称大家也常提到，那就是通用电气的“克劳顿村培训中心”，现在已改名为“韦尔奇领导力发展中心”。大家常说这是通用电气管理思想产生的地方，可我看克劳顿只是提供了一个场所，关键还要看内容是如何发展起来的。如果你听一下几乎你见到的通用电气的每一个人对克劳顿的认同和熟悉，你就会感受到它的力量所在。

（2005 年 7 月）

一个人在相当程度上能够进行自我定位，看问题就比较长远。

你的人生自己把握

Self-constitution（自我规划）

我们总是把很多事情归于客观环境，而没有主动进行自我反省。一个人在相当程度上能够进行自我定位，看问题就比较长远。中国改革开放以来，人们的思想转变很大，大到相对来讲自我的成分多了一些，这是非常大的进步，可相对谈社会使命就会少一些。其实这是误导，真正最终在事业上有成就的人，一定是一个有社会使命感、自我要求比较高的人，而不是一个追求短期利益、小富即安的人。这是一个自我心态的问题。你们现在是最有资格来定远大目标的时候，目标一旦定下来，自身努力的动力就很强，任何小的挫折都可以承受。

Self-motivation（自我激励）

几年后，你们肯定会对公司有一些不太满意的地方，我希望能够少一些。公司正在推行改革，但改革到大家绝对满意是不可能的事。不管是在国企，还是在通用电气这种市场化程度很高的公司里，真正有贡献、有能力的员工，都是有很强自我激励意识的人。这与自我目标、自我激励的设计是有关系的。公司可以有很多激励员工的做法，但不可能激励一个人怎么去思考问题，怎么去创新。创新是很难用一般的激励手段激励出来的，必须是发自内心的。如果一个人自身没有很强动力的话，是很难借用外力去创造的。而年轻人能够在自我激励过程中，去突破现在公司的一些做法，特别是传统沿袭的做法，会给我们带来很多新的启发。

你是不是一个有自我激励意识的人，我相信过三年就会看出距离，再过十年就会拉开差距。在我的观察中，什么人最后比较成功，对公司、对社会贡献比较大？我想第一步是目标要定的大一些，比如我一定要做成这个行业的专家；第二步是想在这个行业做到领导、领袖的地位，将来能够推动、管理中粮集团的进步，能够贡献社会。我们必须把目标一个一个树立起来，这样我们才不会过一段时间就忘掉，而是把它记忆下来，激励我们自己。

Self-awareness（自我认知）

在工作过程中，特别是在和团队协作的过程中，自我认知的能力往往是影响我们很多能力发挥的一个非常重要的因素。如果不能够对自身有一个正确的认识和评估，就容易引发出很多不同的意见。小意见经过积累以后就会变成一种对立的情绪了，这样的公司肯定不会成功，这样的人也肯定很难成功，因为这样会消耗很多力量。这里面最主要是自我定位、自我认知和自我目标的问题，这也是要提醒年轻人的一点。

我希望在中粮集团，能够给大家创造更多可以发挥的空间、更多的自由度，不希望大家因为提出某个建议就给自己带来一些负面影响。但是反过来讲，如果我们首先把自身工作做好，再逐步对环境加以改变或者进行创造，可能更实际一些。

Self-deciplining（自我约束）

公司是一个组织，有很多组织的规矩，有很多对个人、对团队的某些行为的要求，自律是一个非常重要的词。记者问我对王石的看法，我都会用自律这个词来形容他。他是一个很自律的人，他会约束自己大部分规范的行为，然后追求公司整体进步，做到这点很不容易。自律的层面有大有小，从我们自身来讲，有对自己工作质量的要求，对自己工作态度的要求，还包括对家庭的要求，这个大家都会遇到。

Self-confidence（自信）

在中粮集团，我非常想提倡一种通过自我信心和自我创造力的构建，来改变自身、改变公司的一种氛围。也希望大家将来在这种氛围中，真正建立起信心，发挥更大的创造力，使我们在实现自身价值的同时，和公司一起进步。中粮集团有很好的业务规模、很好的技术管理团队、很好的财务状况及良好的社会影响力，并且有很多转型中的探索，当然继续发展，公司就会面临更大考验。我希望大家一起来推动公司进步。我希望和大家一起努力，为把中粮集团变成年轻、有活力、有成长性的公司一起奋斗。

（2005 年 8 月）

年轻人必须有耐心，你必须相信大环境是在转变的，相信环境越来越好，相信北京的楼会越来越高，天空越来越蓝，你要有韧性和耐心为公司工作。

年轻人要有韧性和耐心为公司工作

职业生涯·创业

问：您在 30 岁以前，还没有像今天这么成功的时候，您是如何保持一种积极的心态、如何规划自己的职业生涯的？

宁高宁：其实我今天也谈不上什么成功。环境总在变化，职业规划如果以自我为中心是没有意义的。真正的职业规划之所以能实现，是因为里面包含着基本不变的东西，把握这个以后，不管环境发生什么变化，都可以去适应。我认为不论怎样都要保持激情，每天都有新东西。到中粮集团以后，我感到公司在进步，自己在进步，每天都不一样。如果我们没有创新，而更多的是靠一些经验，那慢慢就会有一些抱怨，慢慢就会跟不上公司发展。我们需要保持不断地学习，现在公司有很多这种机会。

问：我们想听听您对年轻人创业的看法？

宁高宁：我觉得从社会角度来讲，中国年轻人自我创业不够。中国年轻人主要的出路大部分还是找公司，或者去国外工作，自我创业的好像只有 5% 左右。我希望倡导中国人的创业精神。你们在公司工作，如果我让你们去创业，这是不负责任的。但如果将来你们工作做好了，被别人挖走了，这说明你们价值提高了，我也挺高兴的。像万科就是以自己员工被别人挖走为荣，整个房地产行业里面，负责人大部分都在万科做过，这样它就是一个不断创业的企业，不断培养人的企业。我觉得如果一个年轻人自己去创业，哪怕是很小的创业，对他自己的人生、对社会的贡献，都会大过一般的工作。国家也是一直提倡创业，但是大学生往往是最后实在没有办法才去创业。

效率·新趋势·一体化管理

问：中粮集团有大公司的通病，比如说我们要进入某一个行业，或者收购某一个产业，肯定不如地方民企或者私企动作快，这方面效率很低，应该怎么解决这个问题？

宁高宁：你说的也是一直困扰我们的问题。公司的一项决策，审批、讨论反反复复四五次，但有哪一次真正把决策质量提高了？真正使决策做得更全面了？我觉得挺少的。这里有过去经验的问题，有整体讨论水平的问题，有包括我在内的公司领导的能力问题，还有很多很多问题。但我们还必须得坚持这么做，我们有监事会、审计署，这样一步一步做下来，是希望提高我们决策的准确性，这就会付出一定的效率代价。现在的问题是，我们效率降低了，水平也没提高。但我还是认为应该这样走，中粮集团应该建立起一个比较科学的决策机制，关键是怎么用好它，不断来提高公司的管理水平。我们可以把流程做得更完善，提高每一个人的素质，这样我们的效率可能会提高。

问：您写的《时间廊》一文中提到，在历史的长河中，不同的时间段会出现不同的热点行业。您到中粮集团快两年的时间里，是否发现了新的热点行业或趋势？

宁高宁：比如职业生涯设计，你说我今天做什么，明天做什么，这可能是比较空的，也可能是做不到的。但如果说你对社会趋势有一个认识，那么你在职业上，或在这个公司里面的某个选择上、在努力方向上想有一个转变的时候，就会好很多。

刚才讲到趋势，现在有几个大趋势我们可以非常好地利用。比方说“社会主义新农村”，这会给我们中粮人带来什么样的商机？另一个就是粮食安全和新型的粮食收储渠道。再一个像生物能源——可替代能源。我们一天到晚讲 ADM（美国阿彻丹尼尔斯米德兰公司），它本身是个粮食企业、农业化的企业，慢慢转到能源的方向上。我不知道大家注意没有，ADM 新 CEO 原来是一个石油公司的总裁，这个信号表明它的转型做得是多么坚决。这几个大的趋势中粮集团都是可以用的。另外，从食品来讲，现在大家讲究健康营养，这也是我们往前走可以利用的一个趋势。

问：这几年中粮集团收购兼并的动作比较多，业务不断增多、经营领域也越来越广。关于企业一体化管理，您是如何考虑的？

宁高宁：这是很好的问题，我们的团组织很早就去和中谷融入、沟通了，我当时想，可能是因为团组织里都是年轻人，没有那么多包袱。这样很好，如果能带动公司每一个层面都去沟通就更好了。过去我讲，中粮集团能不能变成一体化的企业，包括几个层面，第一个层面就是中粮在整个业务循环上变成一体化的企业。从我们的饲料产品来说，大豆榨完油以后大量的豆粕饲料，玉米榨完酒精和糖以后的玉米粕饲料，还有进口的大量鱼粉，能不能放在一起？这样我们就能有一个整合的做饲料的企业。目前中粮、中谷、中土畜做饲料的企业好几个，都是各做各的。如果我们合到一起来，我们在饲料原料的规模上就是全国第一。其他业务也一样，如果能整合在一起，可能每个业务单元都很大。关键能不能在业务平面上联系起来。当我们业务合起来的时候，可能就出现一个问题，就是习惯这个事我管，那个事你管，两个单位合成一个单元后，1 加 1 小于 1 了。今年之内一定要把业务逻辑理清楚。我们现在搞规划、做调整，包括成立营销部门，都是在做这方面的工作。这里面还有很多问题，我们所有人必须从客户出发，必须从市场出发，必须能够从满足客户、满足市场的要求出发，用这种逻辑来设计我们的组织。

激励机制

问：其实很多同事对工作产生各种各样的负面情绪并不是因为工作本身。新员工进入公司以后，对公司前景，对工作本身，都抱有很高的期望和热情，工作做得也不错，领导打分也很高，但三四年工资却一级也没有调过。公司怎样激励这些员工？

宁高宁：你说的是公司评价系统不公平、不准确的问题，这应该是我们整个中粮集团的责任。集团应该给大家提供一个公正的评价，给予一个承认他成绩的环境，使大家能够有进步。我想分两方面讲这个问题。

第一，如果你的公司一定要把冰箱卖给因纽特人，那么劝你赶紧离开这家公司，因为它的战略错了，它在做一个客户不太需要的产品。如果这家公司员工努力多年都没有得到提升，那是公司经营不利的大环境带来的。但如果是在一家不断进步的公司，公司里的每个人都应该能明确感受到，他的业绩能够获得一个公平的评价，他能够为此受到奖励。我希望在中粮集团，大家能够有这样明显的感觉。我们 2005 年的评价还是用老方法，但 2006 年我们会有一个新的方法，在评价上能够更公正、公开、透明一些，会让大家知道为什么没有提拔你，而要奖励另一个人。

第二，算是对我们年轻同事的一个期望吧。年轻人必须有耐心，你必须相信大环境是在转变的，相信环境越来越好，相信北京的楼会越来越高，天空越来越蓝，你要有韧性和耐心为公司工作。现在中国经理人的素质里面，大家越来越倡导韧性和持久性，我觉得我们应该具备这点，因为环境会逐步变好，而你本身也是环境的一部分，你应该努力去改变。

（2006 年 7 月）

小到一个人，大到一个国家，随着时间的推移，能不能不断进步，进步的速度和质量最终会决定竞争中的胜负，进步的能力比起点重要。

猿与猴

不同的企业各有长短，给企业分类不应该把它们分成大企业或小企业，盈利企业或亏损企业，给企业最深刻的分类应该是两类，一类是进步型的企业，一类是不进步型的企业。人们常常羡慕百年老店，可百年老店的核心不是老，而是不断进步。百年老店之所以存在是因为它能随着环境的变化不断进化和蜕变，所以好的百年老店到今天也让人感到它是生机勃勃、年轻而富有朝气的企业。像我们经常看到的动物园的猴子，它表现出的聪明和机灵让人觉得它与人很相似。可能人类的祖先猿人在多少万年前还没有猴子的智力，可猿人从爬行到直立，到使用工具，到穿上衣服，到创造语言文字走到今天，猿人变成了人，可聪明的猴子依然是猴子，能不能进步看来是件很致命的事。是什么原因让一种生灵在繁衍中只能原地划圈，而另一种则不断进步而达成了质的变化？是因为物种基因，还是群体组织，还是外部环境，还是其他什么？

小到一个人，大到一个国家，随着时间的推移，能不能不断进步，进步的速度和质量最终会决定竞争中的胜负，进步的能力比起点重要。纽约证券交易所道琼斯指数成分股的历史资料显示出的演变和进步很让人回味。在 1884 年刚开始编制股票平均指数的时候，11 家拥有成分股的公司中竟然有 9 家是铁路公司，随着时间的推移，道琼斯指数中逐步有了制糖公司、烟草公司、煤炭公司、棉花公司、橡胶公司、煤气公司、造酒公司、邮政公司、钢铁公司、铜公司、电器公司、汽车公司、机车公司、电报公司、化工公司、零售公司、制药公司、石油公司、无线电公司、饮料公司、食品公司、包装制罐公司、飞机公司、金融公司、通信公司、电脑公司、软件公司等。这说明了行业在经济中的地位变迁和企业的进步，后来的公司逐步取代了前面的公司。后来又有了纳斯达克，纳斯达克 100 指数代表了新的生物工程、新材料，特别是因为互联网而带来的新经济，纳斯达克的交易股数早已超过了纽约证券交易所，美国经济中催生进步的能力从这些指数、成分股包含的公司中可以明显地感受到。与此相对比的是伦敦证券交易所的金融时报 100 指数（FTSE100），这几乎是一个“贵族”公司的指数，权威性很强，但其拥有成分股的公司的变动要小得多。

企业能持续进步需要的条件很多，它是要根植在企业组织中的。某一笔业务做得好，某一项投资成功，某一年业绩好都不能说明企业是进步型的企业，企业业务的进步可能得益于整体经济环境，或行业环境，或新技术、新产品、管理效率层面的改进，或战略方向的创新，但这些因素都可能很快发生变化。进步型企业的核心是要有一个根植在组织深处的动力，一个开放、反思的组织学习系统，一个包容、理解、鼓励创新的企业文化。开放的、探索的学习系统很重要，昨天的猴子今天还是猴子，可昨天的猿人已变成现代人了，你的企业呢？

（2006 年 11 月）

企业管理由繁到简的进步是一个很考验企业管理者的过程，但有意识、有目的地推动这个过程是对管理者更高层次的要求。

繁与简

大部分企业要改善管理水平，习惯性的做法就是开个会，发个文件，制定个规章制度，甚至成立新的部门，所以企业的事就越做越烦琐，小企业就患上了大企业病。在解决问题时又制造了新问题出来，新的问题其实很严重，因为它降低了企业运营的效率，抑制了人们的创造性，更重要的是它并不能真的提高企业组织的整体工作水平和决策质量，可能连最初想达到的流程规范目的也落空了。许多企业都有很多条规定和文件，制定时都下了不少功夫，真正执行时效果并不明显。企业在认识水平、文件水平上的提高并不能轻易地实现在经营中，在复杂的决策过程中没有提高决策的水平，在多层次、多部门的组织架构中没有能让组织成为一个有机协同、没有功能遗漏的整体，所以企业里常说这事要协调、要沟通。员工在组织内用了很多时间，消耗了不少精力，但企业真正的市场竞争力并没有提高。

企业管理过程中的繁与简是一个逐步演进的过程。企业管理的各种系统，从无到有相对容易，因为很多事情别人已做过了，可以拿来用。企业的各种管理部门把事情搞得烦琐也是职能所带来的倾向，就像企业的每一个小单元，希望自己有相对的独立性、有天生的“离心力”，也是组织设计中的天然倾向，这是企业必须面对的一个大的组织发展过程中的现实。但要把已存在的，可能已过于烦琐的管理程序做简单，就像要把一个多文化的企业做成一个有机的整体，困难可能要更大。由繁到简的过程是考验一家企业管理成熟程度的过程，也是考验一个组织内整体水平提高快慢的过程。

企业管理要想做到由繁到简，首先要求管理者对业务的本质特点理解深入，对业务过程理解深入，知道关键点在哪里，这样才能管得准确。管得准确了，管理自然会简化。管理由繁到简的另一个要求是尽量把相应决策前移，让离市场、客户最近的人做更多的决定，在管理职责上划分清楚，敢于放权，这要求整体组织的成熟，从战略目标、业务判断、评价系统、组织文化等各层面成熟，这样才会让每一个层面都感到限制性的管理少、能动性的创造多，整个组织充满活力。还有一个条件也是由繁到简所要求的，就是基本管理系统的成熟，由繁到简不是缺少管理，而是系统成熟的管理，基本系统需要时间和实践来磨炼，有了系统才能管得好。由此来看，企业管理由繁到简的进步是一个很考验企业管理者的过程，但有意识、有目的地推动这个过程是对管理者更高层次的要求。

成功的企业一定走过了一个由繁到简的过程，因为企业成熟了，管理的方法和重心就改变了。

（2007年1月）

你一旦是不真实的，你一旦撒了谎了，会带来很大的障碍。

一个人做到真实是最幸福的

用欣赏的眼光看问题

看到这么多风华正茂的俊男靓女相聚到中粮来，从心里感觉很高兴。看了你们的学历和专业，我感觉到将来会在你们当中出中粮集团的董事长、总裁。因为我也是从年轻走过来的，20年前也开过类似的会，也听老董事长讲话。初期你们可能在中粮工作不是很顺，觉得不是很好，或者觉得有很老土的地方，我也这样感觉过，因为我从华润过来以后也同样觉得不顺，直到今天有很多东西我看了也不是很满意，但是人就是这么走过来的。你们现在风华正茂，很难理解到这一点，或者很难认可，但事实上如果用欣赏的眼光来看这个问题，如果说大家能用发展的眼光看这个问题，会觉得它有意思，看到好的你就参与，不好的你就像看戏一样，看它怎么进展。我觉得这也是蛮有意思的一个理念。

不批判体制，不批判历史

中粮肯定会存在各种令人不满意的问题，但它也有着很好的历史，里面的人都充满骄傲感、自豪感。中粮集团不批判体制，不批判历史，这是我们的基本态度。如果抱着批判体制和历史的心态，就不要来国企，不要来中粮。2005 年的 2 月我来了以后，召开了一个几百人的战略研讨会，会议的主题是《战略主导使命之旅》。其实后来我并没有过多再去讲，但大家都积极去理解、去倡导、去推广。其实人心都是相通的。我的想法就是打破新人和老人之间、年龄大和年龄小之间的界线，真正实现大中粮无边界。咱们的组织怎么打造，中粮已经做了两年多时间了，我相信你们慢慢地能够感受到组织的变化。如果大家觉得我们有一个共同的、有效率的、有活力的、年轻的、创新的组织，有这个向往的话，那我希望每一个人到各自的部门后，不要去学习和模仿你认为不好的东西，我相信这样文化就慢慢转变了。

中粮是由趋势投资驱动的

中粮自身整体来讲是由趋势投资驱动的，我们不仅是看下月或明年怎样，我们更看大趋势。行业成长的趋势，加上我们自己的行业选择，再加上我们自身的管理能力，可能我们就能成。从这一点来讲我们比较乐观，这是我们的一个基本态度。国企的社会责任就是符合市场原则。

形成有活力、创新的文化氛围

我们以后在中粮集团能不能使大家互相尊重，敢提意见，形成有活力、创新的文化氛围，年轻人来了以后能不能有一个发挥作用的环境，这些东西就是中粮的未来。中粮未来有很多不同的有形层面，但是这个层面的东西是需要组织制造的，这是很难做的，但我觉得这是一个大家努力的方向，是我们追求的一个目标。

一个人做到真实是最幸福的

大家希望有一个董事长寄语，我突然想起来了两个字——真实，非常简单的两个字，但非常难做到，包括我本人。为什么是这两个字？因为现在我相信，随着整个社会的变革，文化的一些调整，中西、古今文化都在更新，真实两个字比较难了。我可以给大家很多寄语，但今天我说真实，我发现一个人做到真实是最幸福的。从个人来讲，有的人讨好别人，关系处得很好，但不真实很难受，回家很难受，隐瞒很痛苦。我相信人之初性本善，我相信每个人从大处来讲，对组织、对事业、对人性的理解是向善的，可是往往在某个文化环境、利益驱动和被迫的情形之下，很多人就使用各自的方法来摧毁这个环境，这个环境就比较乱了。你一旦是不真实的，你一旦撒了谎了，会带来很大的障碍。这有两个层面：一方面领导自身要公正、公开；另一方面也要从善意的角度去理解。我特别希望我们年轻的同事，尽量保持一个真实、阳光、直接的心态和沟通方式。

（2007 年 7 月）

好学生是可以培养、可以激发的，就像人的其他潜能也是可以激发的一样，好的组织就会培养、激发人的好学生潜能。

好学生

学生不是职业，所以学校里的好学生都是暂时的。在学校里做一个好学生并不是很难，许多人在学校里的某个阶段或某个科目上都曾经是好学生，真正难的是好学生自我求知欲的保持。很多好学生在离开学校且不再被人称为学生后，学习的欲望也随之消退了，做一个不在学校的好学生要更难一些。

学校里的学习很具体，因为有考试、有分数，步入职场后的学习容易变得很空泛，有时学习一词甚至变成了一种客气。可现实中，学习这个词很严峻、很残酷，因为它在市场竞争中很大程度上决定了企业的胜负。无论你在学校里是多好的学生，无论你有多高的学位，它仅仅是一个过程的开始，就像在一个大的商店里只摆了一些空的货架和标签，真正的内容要靠你来充实，而且要不断更换。

好学生不是强迫的，也不是利诱的，它几乎是人类与生俱来的对大千世界的好奇和探究的本性带来的，是生命特质的高层次体现，而事实是，这种特质在不同时期表现在不同人身上会有不同的形式。好学生的特点是好奇，是有解决问题的思考，是不断积累的进步，是吸取所有能解开困惑的知识并系统地加工它从而形成自己的认识。所以，做一个好学生是丰富人生的重要一环。

好学生是可以培养、可以激发的，就像人的其他潜能也是可以激发的一样，好的组织就会培养、激发人的好学生潜能。但我们常说的学习型组织意义不仅在于此，而且还要把这种精神发展到组织的整体，发展成为有使命、有目标、有共同追求的充满活力、创造性并能应对困难的组织行为。人人爱学习理论只是学习型组织的初步形式，是学校式学习的简单延续，企业中的好学生还会带动整体组织的学习。

实践是最好的课堂，可这个课堂仅属于有学习精神的人，企业也是一所好的学校，可它也仅属于有学习精神的人。充足的实践机会的好处是可以让参与者有最直接的体验，坏处是没有了学习的系统组织，学习和领悟变得没有规律。要想在企业中做一个学习者，要求有更多的自觉和用心。

好学生不是一种谦虚，而是一种积极，是一种态度和习惯，是一种年轻甚至是童真式的求知，能从学校里走出来的好学生才真是好学生，能从书本里走出来的好学生才真是好学生，能在企业里做一个好学生才真是好学生。有句老话叫活到老学到老，看来好学生是一生的事。

（2007 年 10 月）

用组织的塑造性塑造组织中的每一个个体，让每一个个体在组织里面有更好的发展，这就是培训，或者说团队学习。

忠良书院

载体

忠良书院是传播中粮集团的理念、文化和品牌的载体。

目前，忠良书院的骨架已形成，大格局也基本定了，下一步应该进入第二阶段的筹备工作了。

忠良书院不仅仅是一座建筑，还是中粮集团的培训中心。从中粮集团长远的目标看，团队建设、文化建设、团队的提升、领导力的提升、核心竞争力的提升都与培训中心直接相关。因此，第二阶段的工作比第一阶段的工作要求更细、更重要。

关于第二阶段的工作，忠良书院仅从建筑的形状和外墙的颜色追求书院式是不够的，应包括很多管理和服务的细节。

第一，营造出公司研讨、分析工作的氛围，并把中粮集团的内涵深入书院中去。

第二，书院整体建筑线条很简洁，用料也不错，但给人的感觉比较硬。忠良书院不仅要追求一种书院感，还要让中粮人有回家的感觉，让人从细节上感觉到这个房子是有人用心在打理的。

第三，中粮集团的历史应该在书院有所表现。一个公司的历史无论是顺利的，还是挫折的，都应该尊重或珍惜它，因为它是公司的财富。无论是书院的环境、硬件，还是课程，应该让中粮员工到这里能够受到洗礼，特别是对中粮文化不太了解的，如并购公司的员工、新员工等，要让他们知道中粮是怎么做事情的，要对他们的思想有一个冲击，这正是书院吸引人的方面。

第四，服务和经营。书院的服务是中粮要关注的重点问题，包括服务的细节、员工的理念、员工的态度和对工作的认识，这些要能与建书院的初衷和书院的硬件相匹配。应该在书院开业之前，对餐饮、娱乐和其他功能方面进行细节管理，首先从理念上让书院的员工知道中粮为什么建书院，其次让员工知道书院应该怎么做。对员工要进行多次培训，包括对忠良书院定位的培训，服务技能、服务态度的培训，要让员工的服务和书院融为一体。

忠良书院开院以后，会遇到一些比较大的挑战。我们并没有把它当成一个业务单元、利润中心来看待，但是书院的运营成本要控制住，服务还要做好，课程也要做好，而且要让大家都喜欢去，在书院里面学习还要有收获。

培训

书院的硬件设施完善了，软件怎么弄？将来我们要建立一个完善的培训系统。

“培训”这两个字，大家叫惯了，对培训的理解也有了定式。过去对培训的理解，总有一种单向灌输的感觉，大家已经习惯了，改起来比较难。实际上，现在这个词的含义已经改变了很多。现在对培训的理解，是一个组织里边不断地激发组织的所有成员来思考、进步、学习和交流的过程，是组织成长的一个过程。团队学习也好，领导力发展也好，这是现在意义上的培训。

如果我们把培训作为一种工作方法来看待的话，它实际上是不应该和其他具体的工作方法相提并论的。它应该是一种工作思考的方法，而不仅仅是与大家一起工作。每一个业务单元，特别是一把手，对培训这种工作方法的重视与否，是非常关键的。从这个角度，也能看出他是不是能够真正把这个团队带动起来。

培训是一种工作方法，是一种思考方法，是一种促进组织内部交流探讨，发挥大家作用的团队工作方法。不断总结各种各样的培训方式，是企业的大事，需要慢慢往前推。

用组织的塑造性塑造组织中的每一个个体，让每一个个体在组织里面有更好的发展，这就是培训，或者说团队学习。学习型组织讲的就是这个理念。

通用电气的经理人，他们都要经过一个系统性的训练，一个全方位、分层次的领导力训练。培训系统是尊重人性的系统，是平等研讨的系统，是民主交流的系统。每一个人都是需要去尊重，需要去塑造，需要去开发的，而且人是有潜力的，可以去不断发展的。所以中粮集团要建立一个平等开发每个人潜力的培训系统。

集团的培训系统建设，要从集团的使命开始，从集团的目标开始，从集团的战略定位开始。组织发展和培训系统必须和战略系统相联系，否则我们就操作不了这个系统，一定会出问题的。重视培训系统建设，本身就体现了集团对经营理念，对整个员工团队，以及对每一个个人的尊重。培训系统一定要一把手亲自抓。

如果中粮培养出来的人，将来可以有更强的能力，有更好的职业发展，在社会上能发挥更大的作用，我们会很高兴，说明中粮的培训系统很成功。希望我们的系统能够真正从这个理念出发。

培训的课程设置非常重要。应该结合现成的理论框架，把我们的实践加进去，逐步建立中粮的理论体系，形成一系列强有力的课程。一开始设五门课就可以，真正把它做精。

培训工作者首先应该比较专业地做事，用专业力量来推动业务单元的总经理和各级经理，承担起管理人员领导力开发和讲授课程的任务。通过大家的共同努力，把培训工作推动起来。

忠良书院并不豪华，但是它的功能是非常实用的，它反映了中粮集团的理念和精神。书院将来会成为中粮集团的精神家园也好，洗礼的地方也好，思想发源地也好，不论怎样，它会变成大家在一个统一的理念和使命基础之上，交换意见、探讨问题、找到解决问题方法的地方。团队能够在这里不断地发展，而且慢慢地培养出在行业里面有较高水平的领军人物——这是集团办忠良书院的一个比较直接的目的。

（2007 年 12 月）

“百战”和“再读”要联系在一起来理解。“百战”之后还要“再读”，“再读”才能至精。

百战归来再读书

过去中粮集团设立了特殊贡献奖，主要是奖励财务业绩远远超出公司预期，创造性地给公司带来盈利的团队。今年，领导层在讨论的时候，觉得单单奖励做得好的团队还不够完整，有一些团队的经理人，主要是经营中心或者是业务单元的一把手，带领团队做了很多努力和很有效的工作，也取得了很好的成绩，公司未来发展的预期也很好，应该算得上是一个很称职、优秀的经理人，所以今年中粮集团决定设立优秀经理人奖。

特殊贡献奖、优秀经理人奖，这两个名字比较平常，中粮应该创建出适合自身的特殊奖项，将来大家对这个奖也会有很好的记忆。“千秋邈矣独留我，百战归来再读书”这句话与忠良书院特别贴合，于是，中粮有了“百战”奖和“再读”奖。

“百战”奖，就是过去所谓的特殊贡献奖，代表了团队经过了非常具有挑战性的战斗和努力，取得了成绩。同时也是寄语团队，能够百战百胜，百战不殆，富有战斗精神。“百战”和“再读”要联系在一起来理解。“百战”之后还要“再读”，“再读”才能至精。这和中粮所倡导的不断学习、不断反思、不断地理论联系实际的精神是吻合的。这个“再读”也包括被别人学习，从而不断提升自己的一种精神。希望“百战”和“再读”的精神能够成为忠良书院、成为中粮集团未来提升的两种重要精神。

（2008 年 5 月）

人力资源工作的最终目的要落实在工作业绩上。

创新思维，发展人才

人力资源自始至终都是中粮集团的重要工作。过去几年，在业务发展的过程中，组织和人的进步是最重要的推动因素，组织发展了，人的职业水准和知识水平提高了，进而使企业更成熟、更坚韧、更有创新能力，这是非常重要的成绩，是非常令人高兴的事情。

人力资源工作在集团的地位

现阶段我们强调内涵式有机增长，战略转变到了一个新的阶段。过去我们一直讲战略、使命、文化、组织，讲一些相对笼统的事情，希望大家朝着统一的方向前进。我们没有系统讨论过市场融资问题、品牌问题、技术问题、人力资源问题、财务结构问题。业务和团队发展到今天，需要进一步把这些问题细分，深入、整体、系统地看待和思考这些问题。

人力资源工作与转型

大家现在常说转型，转型一般从战略开始，逐步对专业性要求越来越高。中粮集团有 50 多年历史，但也有很多年轻的业务，比如酒店地产、商业地产、包装、面粉、生化能源等。中粮不但业务要转型，人也要转型，这是一个非常有意思的过程。现在面临的情况是，集团的核心团队成员，大部分从事所在行业的时间很短，因此，转型过程中，要达到专业性的要求，需要不断学习。通常一个人在自我介绍的时候往往会说他在行业里有很多年的经验，对行业有如何深的了解。这一点中粮的很多员工都不具备，这是我们面对的难点。如何解决？一是时间，二是方法，人力资源工作提供的方法。

人力资源工作与系统思考

转型的第一阶段，我们的工作侧重于投资、并购、建立新的业务并把业务铺开。业务铺开以后，有人会提出问题："现有的人员不行，原来不是从事这项业务的。"有人会说："原来的公司不行，原来的公司本身就存在很多问题。"有人会说："财务也不行，成本控制得不好，融资方式也不对。"大家会发现，业务转型了，往前走的时候，大家面对的已经不是单一层面的问题了。过去讲"大中粮无边界"，那个时候主要指对新并购公司的接受和欢迎，能够有更好的合作。转型的第二阶段，我们提出了协同的概念。协同，指上下游的互相合作，业务之间形成的合力。现在看来做得还很不够，我们还要继续做这件事情。"大中粮无边界"在今天看来还包括了大中粮里面所有不同职能间互相协同，互相支持，从而共同推动中粮进步的意义。进步也好，问题也好，面对未来的挑战也好，大家必须用系统思考的方法看待中粮所有管理层面的问题。过去，我们说的系统思考是指企业管理中的使命、愿景、目标、组织架构、职责、流程、评价、激励，这是一种宏观层面的系统思考。今天所说的系统思考，要更落实一点，更具体一点。举例来讲，看组织哪儿做得好，哪儿做得不好？比如战略，战略部认为没有问题了，别的部门可能会说战略方向错了；反过来讲，战略做得很好，什么都具备，可能就是人不行；有的说，人很好，战略也很好，但是财务不行；不然就是品牌、创新、渠道、研发不够等。希望我们的经理，能看到问题的全貌，用系统的思维看待业务。不论从人力资源、战略、财务、产品哪个角度出发，都应该知道整体系统里面，什么地方存在缺陷，什么地方需要加强。另外，所谓的负责人，越是比较高层的经理，越是应该知道目前系统的各个层面的问题。

人力资源工作与企业管理

人力资源工作很重要，人的工作是最基础的。彼得·德鲁克说过管理工作说来说去还是回到人上去。管好人、用好人、培养好人、激发人把组织的工作做到最好，是所有工作的基础。人力资源工作可以改变、创造、弥补很多工作。但是往往目标定得很宏大，真正用人的时候比较随意，把所有前面准备的战略性工作都否定掉了，这样的事情中粮也发生过很多。真正把人选好、培养好、用好、评价好、激励好、约束好是基础，很简单的道理，做起来往往不容易成功。中粮发展到现在，用一个系统的方法，重新反思其用人的态度，用人的方法，是下一步集团的业务能不能继续往前走最基本、最核心的问题。

下一步，中粮现有的和新的业务单元，用什么样的方法来体现、评价、调整、更新、优化团队是非常关键的。沿用过去的方法可能不行了，因为竞争环境变了，发展阶段变了，今天要有最适合的人更深入地投入业务里面去。中粮发展到今天，不能再说谁干得好，谁干得不好，把人分成三六九等。大家要认识到分工是不同的，责任是不同的，只有这样整个组织才会发展得好，每一个人才会发展得好。把不合适的人放在不合适的位置上去，一定会把组织毁掉。所以，人力资源工作会非常直接地影响公司的发展速度、发展质量、资产负债表、损益表。中粮下一步要在选人、用人、看人上有一个提升，这是业务进步非常基础的条件。人力资源部的重要性也由此体现。

人力资源工作的目的和方法

现实工作中，用人部门领导和人力资源部门之间，在用人问题上存在很大的脱节。如何奖励、如何提拔是领导定的，但领导往往不懂人力资源技术，而从事人力资源专业工作的人员所做的是大量具体的事务性工作，真到领导选人的时候有时很随意地就定下了，两头脱节得很严重。我给人力资源工作下了一个定义，也可以说是人力资源工作的目标：“提供充足、持续，并且在能力上能胜任的员工和管理人员，安排在科学的架构和合适的位置上，并通过激励、评价和培养的方法，使他们能够充满活力，创造性、快乐地在公司工作成长，达成公司的业绩和其他目标。”这个定义涵盖了人力资源工作该做的所有，包括招聘、使用、提拔、奖励整个过程。

实现这个目标，各业务一把手和人力资源部两个方面都要做好。

业务负责人特别是一把手对人力资源工作起决定作用

业务负责人特别是一把手怎么用人，怎么带队伍，怎么做组织发展，决定了人力资源政策能否得到很好地执行和落实。一把手往往想提拔谁就提拔，看谁不顺眼就让谁换换地方，人力资源精神和政策得不到很好地执行和落实。因此如果人不行，都是领导的事，没有领导做得很好，人力资源部做得很差的！

业务负责人在选人、用人、评价人、激励人、带队伍上有很大发言权，起决定作用。公司的健康发展、企业文化、可持续成长，百分之六七十以上是由负责人决定的。那么负责人应如何做好人力资源工作？

一是创造优秀人才不断脱颖而出的环境，包容、欣赏不同员工的特点，优秀的人才绝对受到重视。成功的业务单元能够不断给集团提供一把手人选。中粮培养出了三个一把手，但也不能说他们取得了了不起的成功，因为这才刚刚开始。业务单元可以不断形成领导人梯队，这些人可以不断扩张新业务，这是很重要的。

二是评价标准是否清楚、连贯、公正。评价标准不能老变，一会儿这样，一会儿那样，这是不公正的。

三是设计员工职业生涯，建设领导人梯队。目前，中粮领导人梯队建设还不完善，但中粮正在往前走，发展很快。企业发展一定会有梯队的轮换和交替，交替过程既是提升的过程，也是具有毁坏性的过程，这是大多数企业进步过程中面对的难关。特别是对原来做得比较好的团队来说，人员交替的时候往往变成了一个团队毁坏性的过程。因为原来人的态度，新来人的态度，整个公司的基础都会影响新的团队。为数不多的企业，可以把交替变成一个提升的过程，只有交替才会有新人进来，企业会更有活力地成长。企业管理者必须看到管理梯队的培养在组织中起到的作用，如果只能看到眼前一两年的事，就不是真正意义上的好领导，因为你的企业可能过一两年就会出问题。

四是领导应该怎样提拔和奖励下属，谁是公司的英雄。高层管理团队的用人取向、喜好往往决定了人力资源的方向。人力资源工作往往被人认为是神秘的，忌讳公开说，要私下说的事，是不能问为什么的事。这种想法会给人力资源工作带来很大的负面影响。大家会私下议论纷纷，而表面上又不明说什么，真正执行起来稀里糊涂。在一个组织里面，有道理的东西，大家不能不说话，也不能稀里糊涂，因为每个人在某种环境下都可能做一个错误的选择。大家对问题能不能公开谈，是公司的文化、领导的胸怀和行为导向影响的。作为领导，应该创造一种公开、坦诚的用人文化，这是关系到组织有没有创造性的重要问题。

人力资源从业者要具备专业性、推动性、准确性和科学性

今天公司的人力资源从业者，大都是学人力资源专业出身的。在现在的工作环境下，人力资源工作的专业性、推动性、准确性、科学性尤其重要。对于业务领导来说这一点比较难，因为他们没有经过人力资源的专业训练，不会从专业角度考虑人力资源问题。但对人力资源从业者来说，理论与实际是有差别的。

第一，人力资源从业者应该虚心地、深入地不断学习公司业务，不一定要自己做，但一定要有交流。做业务的人可以来做人力资源，做人力资源的人也应该接触业务。因为职能部门和业务部门差别很大。只有真正对业务有专业性的认识，才能知道什么样的人（性格、年龄、经历、业绩表现、背景、家庭等）是合适的，才能知道什么样的激励、评价方法可以保证业务的正常、健康发展。所谓对业务专业性的了解，至少要了解业务的性质，是新业务还是旧业务，是成熟的业务还是刚刚萌生的业务，业务所处竞争环境和财务要求如何，产品要求是什么。如果连这些都不清楚，对业务部门往往起不到正

面作用，只会产生负面作用。其他的职能部门也存在类似的问题。

第二，公正、数据、方法。人力资源工作一定要公正、有数据、有方法。比如评价系统，有很多瑕疵，往往会带来很多争议。反过来讲，评价系统不完善实际上是因为人力资源从业者对业务不了解，这是最重要的。

第三，严格。现在有些领导在执行人力资源政策时规则容易变，觉得谁干得都不容易，有点问题也就算了，或者做些调整。这样不行，应该更严格一些。

第四，规划。前面讲了领导人应该如何规划自己的职业生涯、梯队建设、团队发展。规划需要有科学的工具，这些工具应该是由专业做人力资源的人员提出来的，应该能够告诉业务部门，他们需要多少人，集团应该怎么做梯队建设和团队培养。

通过培训的方法建立学习型组织

带队伍是经理人非常重要的职责。带队伍的方法有很多种，培训是其中的一种。说到培训，肯定要说建立学习型组织。学习型组织不是说组织里人人爱读书，或者人人爱钻研问题，这只是一部分，不是全部。学习型组织是一种组织行为，不是个人行为。学习型组织是一个总结、反思、激发、改进、共享、实践的过程，这个过程是一种工作的习惯、工作的气氛。

培训是一种工作方法

在学习型组织中，大家能用共同的、组织的、互相激发的、引入外面资源的、反思的、讨论的态度来持续地解决问题，这样的组织是能够不断创新和推动业务进步的组织。我们希望通过培训的方法建设这样的组织。个体在团队里是多彩的，个体的独特性是团队活跃性和创新性的基础。一个人的个性和行为是很难改变的，但是组织行为是可以改变的。组织行为在某种程度上能引导、规范、激发个体的行为，这就是为什么要建设学习型组织，为什么要做培训。

三年前，我们就在这个地方（忠良书院，当年的龙泉山庄）谈使命、愿景、战略、预算、组织架构调整等。一路走过来，都是用培训这种形式推动的。当然“培训”这两个字的面比较窄，用Leadership Development（领导力发展）来表达可能比培训更具体一些。现在的培训并不是讲个话、读个书，而是领导力开发和发展的过程。这使培训变成工作的一部分，变成解决问题、决策、创新的过程。培训是整体工作环节的重要组成部分。

经理人就是培训师

现在，忠良书院的硬件已经很好了，要真正利用培训把企业的灵魂、企业精神塑造起来，把组织发展起来，但还有很大的差距。只有企业中的每一个人都成长为培训师，都能起到引导、激发团队的作用，企业才能发展起来。当你真正用培训作为组织发展手段的时候，你会惊奇地发现这个组织的反应是超出预期的。这当然是建立在组织目标比较清楚的基础之上的，这是领导力开发的一个方法。中粮属于“老公司新业务”，业务能够在市场上有领导地位的还不是很多，要建立市场地位、行业领导力、经理人的市场地位，培训过程变得非常重要。

培训推动公司持续进步

培训作用的显现需要长期的过程，未来中粮的人出去，别人一看就知道是中粮的。他们能够表现出中粮的精神风貌，体现出中粮文化。培训是经理人自我实现的手段，同时也是组织发展的手段。只有组织发展了，才是好公司，才是可持续的；如果组织没有发展，只是某个短期的项目盈利了，公司和经理人团队不一定好，不一定能持续发展。组织内部只有不断学习，自我提升，才能产生一种原动力，推动公司持续进步。只有这种公司才能带来新的、持久的、有竞争力的业绩。

人力资源工作的最终目的要落实在工作业绩上

三年来，软性的东西讲得比较多，比如文化、使命、团队、员工满意度等，强调这些没有错，但是讲得多了就有一点过了火。企业里不应该有一种过火的民主，或是不清晰的评价系统影响企业利润。现在中粮的整个管理层存在这个问题。如果说谁因为没有完成业绩被炒了，这种情况在中粮还不太会发生，可能的做法是这个人要再培养培养，要再跟他谈谈话。这种方法不是不对，但是不能过火。人力资源工作最终还是要落实到业绩，软性的东西要讲，但是业绩文化不能没有。实际上业绩文化是最简单的文化，是企业文化的核心。不尊重业绩的企业文化，不是好的企业文化。企业存在的目的就是为客户、社会、股东、员工创造价值的，创造价值代表了营运的质量，企业必须实现业绩。

什么是科学的业绩文化

科学的业绩文化很重要。公司和业务的发展阶段不同，对业绩表现的要求不同，评价标准也不一样。人力资源从业者应该清楚，从企业发展阶段的角度来看，亏损不一定代表业绩不好，如果不承认这一点，就不是用科学发展观看问题。这两年，中粮有一些原来做得不太好的业务，现在有很大改善，比如包装、面粉、啤酒麦芽。他们都是从非常困难的阶段慢慢走过来的，如果以前看到业绩不好，就不鼓励做了，也就没有他们今天的地位了。人力资源部门要看到业务进步的过程，就算失败了，也要知道为什么。所以，所谓业绩文化，就是要根据战略，根据实际发展，知道业务走到哪一步了，是不是按战略规划发展的，以此为基础进行科学的评价和判断。如果光看企业当年有没有赚钱，大家一定不服气。

如何培养科学的业绩文化

公司文化的基础是业绩文化，任何打击业绩的行为都要避免。无论是领导还是人力资源从业者，都要牢牢记住这一点，并且努力创造业绩文化，更深入、更全面地看待公司的业务，用它来管理公司。大家对业绩文化必须科学理解，并且用科学的业绩观来用人，来评价人，应该逐步提炼出一套符合公司发展的方法。现在的评价方法还比较笼统，科学程度不够。

为什么提倡科学业绩观

从去年开始我们在逐步调整薪酬福利体制，希望做到真正的市场化，真正符合人力资源管理原则，符合集团发展的需要，希望经理人在市场上有地位，有更好的发展。工资提高了，评价方法也应该市场化，如果不这样，容易搞成高级大锅饭。单纯提高工资，不一定能够起到很好的激励作用，一方面大家不和外面比，而是和内部比，以至于提高了还不觉得高。另一方面，大家用不了几天就忘了提工资这回事了，员工还是能上不能下，业绩不好了找领导说情。中粮的人力资源工作必须全面市场化，不能顾此失彼，这是基本原则。要建立市场化的人力资源管理系统，只有这样团队才会坚强，有韧性，有战斗力，有凝聚力，大家才有目标感。

达到什么样的业绩标准就是好经理人

评价一个业务要看发展阶段。从最近几次人员调整来看，最好的经理人应该用在最难、最新的业务上，而不是让他们守住一个成熟的大业务。国有企业的好经理人，也要具有企业家的创新开拓精神，这在国有企业是不容易的。那么，什么样的经理人是好经理人呢？能把小业务做大、坏业务做好、没有业务创造业务的经理人就是好经理人。有创造性、开拓性，给企业的竞争力增加了分量的人，就是好的经理人。这应该是人力资源工作在用人、评价人时的重要标准。

只有人选得好，培养得好，用得好，评价得好，人才的成长环境好，才能使公司获得很好的发展。要把人的工作做好，需要认识到以下两点：第一，人力资源工作是全员的工作，不只是人力资源部门的工作；第二，人力资源工作是基础工作，深入推动这项工作是中粮持续、长久发展的原动力。

（2008 年 7 月）

人力资源学科是管理艺术的全部。

几点困惑

员工的忠诚度与市场化

成为有利于员工发展的企业，才留得住员工

员工的忠诚，不仅指操守，还包括员工能否在企业持续工作。中粮集团也存在员工忠诚度不高的问题，对于优秀的人才，中粮给予的薪酬已经很高了，但仍然会流失。市场化环境中，如何培养员工对企业的忠诚度？这是每一个企业都要面对的问题，迫使企业思考如何成为一个留得住员工，使员工忠诚的企业。

每年都有一两百个新员工进中粮，见面后我都会讲几句：中粮是你们会工作几年的地方，但如果有一天你要离开中粮，是中粮的责任，不是你的责任，因为你有选择的权利，可以选择更有利于自身发展的企业。

不要给员工忠诚度以压力

不要把走掉的员工当敌人看，当叛变的人看。我们也会从其他优秀的，甚至是竞争对手的企业挖来优秀的人才。如何平衡员工忠诚度与市场化的矛盾，是企业对人的态度问题。

经理人的行业专业化与领导力

理想的经理人

既能领导团队，又能做业务；既决策，又不粗暴；既民主，又不犹豫；既严肃、廉洁，又不木讷；既懂财务、营销，又懂人力资源管理艺术。

很难平衡领导力与行业专家的矛盾

业务好，领导力也很强的经理人很难选。前几天中粮在讨论一个公司的组织架构，有两名业务能力很强的经理人，领导力方面稍差一些。于是集团领导层把他们定位为副总经理，正职空缺，希望能找到更合适的正职人选。

不懂业务、不懂专业，并不一定会做出错误的决策。一个富有领导力的经理人，能很好地激发团队，使公司富有活力。

二者应如何取舍？专业化与领导力之间的权重应如何确定？这是企业不断面对的问题，在企业内部也引起了很多矛盾。企业管理中的很多问题，都是在很小的人事问题上落根，不断扩大，成为大问题的。

团队的团结与小团体

小团体

企业追求团队、团结，但有时有些公司、部门会出现小团体的问题。团队不错，但不能动。企业做大的战略性调整的时候，不能动这个团队的人员，不然都起来斗，维护小团体的利益。小团体与大团队会产生矛盾，对整个文化产生负面的影响。文化的问题、利益的问题，都是集团性的企业经常要面对的问题。

一把手带团队

平衡不团结的团队与太团结而形成小团体的团队，中粮的方法是一把手带团队。

例如，按照中粮的规定，中粮可口可乐的总经理有 80% 的决定团队事务的权力，虽然也将决策报给集团领导层看，但是基本是有 100% 的决定权的。让一把手真正能建立团队、制定战略、推动发展，只要他能正向引导团队和业务就可以。管一个人还是管一个团队？只管一个人是不是有风险？我相信每个组织都会遇到这个很实际的问题。

年轻队伍的创造力与成熟队伍的经验

中国的发展变化非常快。年轻人富有创造力，他们的激情、活力、知识都能推动组织和业务的进步；成熟的队伍也有优势，经验丰富、对业务有深刻的理解，能避免犯错误。这实际上是新老交接的问题，是经验能不能共享的问题。应提早做好接班人计划。

评价的问题

推动战略进步的团队和完成业绩的团队的评价问题

谁来做战略性的评价？如果仅用业绩评价，从长远看肯定有问题；但是如果不评价业绩，只看战略，就只能听描绘了。这就对人力资源工作提出了更高的要求，经理人任命半年之后，如果业绩不好，找 HR（人力资源）。真正懂业务、懂战略的人才能做人力资源工作。目前的人力资源对用人后果的承担力度不够。

上下级如何评价

中粮现在使用的方法是 360 度评价，但是上下级的角度、责任、评分标准不一样。平级之间没有大矛盾的就往高了评，实际上是把民主用在了不应民主的地方，打乱了正常的管理关系，容易出问题。互相打分究竟好不好，能不能真正起到推动企业进步的作用，很难说。

书本上讲的一般都是静态的理论，以上所讲的，都是一些实际的、很难解决的问题。这些问题不仅在中粮集团存在，很多企业都会遇到。

（2008 年 7 月）

什么是好学生？好学生是离开学校以后更加会学习的人。

保持不断学习的心态

中粮集团每年的新员工都在不断给公司带来新的动力，不断给公司带来创新的文化、思维，甚至带动整个公司的转变。中粮有很多新产品，新员工在里面提出了很多理念，提出了很多消费的趋势，有些思考比老员工还要深入。一代又一代的新员工在不断推动着公司的进步。

好奇心是不断的进步心

对于职场新人来说，不要把作为学生的生活、思维，以及学生的一切状态都切断，不仅是在中粮，可能整个社会都应该避免这种情况发生。因为学校生活有很多好的东西，应该把有益的留下来。

为什么一个新事物的发生总是容易在学生中开始？因为他们有这样一个很好的特点。学生时期，大家会站在以天下为己任的角度，孜孜不倦地读书，不断地提升自己。

学生还充满了好奇心，世界上好多发明都是在学生中间产生的，这点也不应该放弃掉。这种好奇心是一种不断的进步心，企业里非常需要。它不是一个短期的、阶段性的，它是不断进步的，它驱使你把整个社会、整个自然界当作一本书，融入里面并不断进行研究。

在中粮的一次汇报中，几个由新员工组成的市场调研小组在做成果呈现的时候都提出了很多很好的问题，虽然只是比较简单地做了一个市场抽样调查，研究了一小部分人群。这可能与他们没有经过商业领域的训练有关，如果让老员工来做这个，他们可能会做得更细一点，会做得更有经验一点，但原则是一样的，基本思路是一样的，而且可能结论也差不多。

对利益看轻一些

学生间的人际关系很单纯。为什么你在学校里的好朋友总是能遵循他作为朋友的职责？因为你们那时候没有任何的利益关系，是非常单纯的直接的信任。而在公司里面，由于工作层级不断延展，由战略分析到决策层面，再到执行层面，团队的层级和关系就逐步变得复杂了，慢慢就会遇到问题。比如，为什么他被提拔成经理了而我没被提拔？为什么他发奖金了而我没有？这个问题可能有很多方法去解决，中粮也希望解决它，其中的一个方法就是保留学校里同学间比较阳光、比较简单、比较直接的关系，对利益看得轻一些。

保持不断学习的心态

最主要的还是学习。什么是好学生？好学生是离开学校以后更加会学习的人。学习型组织、学习型社会、学习型政府，都是学习型，但真正做到的没有几个，而其中的关键就是整个组织里面有没有一个真正研究、调查、讨论、集思广益、解决问题的氛围，这就涉及一个人在离开学校以后能不能继续保持一种对知识的渴望。从学校到公司，这中间也可能需要不一样的学习的转型，过去可能是算一个算数，今天是算一个产量或者是销量，但本质上同样是学习、研究的过程。好的员工是在离开学校以后，能不断把这种学习精神求简、求细，并把它带到公司里面来，使公司在未来发展得更加深厚，而他也会意识到这样的工作思维将会获得公司的不断支持和认可。

但是反过来说，学校和公司比起来也有一个不好的地方，就是学校比较“虚”一点，更加学术化。公司就像是做试验，可以马上见到试验成果，更具实践化。学校里的有些东西如果你保持太多，反而可能会在公司里面受到阻碍。另外，学校里面比较个体化，纪律性和统一性不强，但在公司则需要员工团结起来完成一个目标，否则公司整体的力量就无从感觉，二者是有很大差别的。

新员工都应该把学校里面的学风、校风和自我学习的精神带到公司。不管是使命也好，文化也好，最终都要体现在每一个人身上。在心理习惯上，在自己的价值观和行为规范上，在生活方式上，你们要做一个能学习、能探索、能创新、有目标、有激情的人，一个不仅是年龄年轻，更是思维和心态上年轻的人。

从公司文化的角度出发，任何一个成功的公司一定也是这样的。公司的企业文化要能够真正适应人性，适应每一个人的自由发展。这种自由发展最终能够和公司整体目标结合起来，同时，公司的目标既能方便员工执行，又能使员工个人得到发展。而最终，目标的完成也能够使公司得以生存并获得发展。

（2009 年 8 月）

晨光包含着年轻、成长、进步、清新、希望、未来，也代表了不断的成熟、不断的冉冉升起……

持续激发潜力

晨光包含着年轻、成长、进步、清新、希望、未来，也代表了不断的成熟、不断的冉冉升起，是中粮文化更新的元素，有一种动态在里面。

通过“晨光计划”培训班，中粮集团会产生什么样的经理人，会产生什么样的组织形态呢？“晨光计划”的理论基础是假设人是可以培养的，在培养过程中方法得当、组织得当，人是可以超出原来普通的能力，潜力得到激发。从中粮集团的历史，包括其他公司的经验来看，整个团队和组织是可以塑造、培养的，每个人的潜力被激发后是可以向着一个更宏大、更正面、更有前瞻性，而且更有自我能力的方向去发展的。如果用任何一种相对狭隘的理论来看，或者用相对庸俗一点的实用主义来看“晨光计划”，这个培训班很可能会失败。相反，如果从对员工生活、理念和未来组织塑造的角度看，就会发现这个培训班，第一活力很强，第二实用性更强。通过这个培训班可以激发、塑造员工的一些素质，不管这些素质是天生的还是后天的，讲课讲出来的还是自己悟出来的。实践是常青树，实践是不断创新的。从这个角度来说，“晨光计划”的训练，就应该是在一般的管理学院的理论和方法之上更切合了中粮实际的一种教学，一种真正和企业形成有机整体的教学。反过来讲，“晨光计划”应该是激发性的、催化性的，而不单单是教学性的。

激发更深厚的使命感

我们的使命感、我们的理想，源于我们自己在社会中、在历史中、在企业环境中的定位。所谓的使命感、所谓的理想并不是灌输、说教，是把人放在更宏大的环境下让你看看自己多渺小，让你看看世界多大，让你看看自己的潜力多大，让你看看这个世界发生的事情你有多少不知道。如果一个人想在世界上有立锥之地，应该有什么目标、理想，这是作为你在历史中、在社会上、在企业中的定位。每个有理想的人应该是有知识的人，每个真正深入了解某项人类科学的人往往都是有理想的人。

激发更公正、更有正义的价值观

我们的组织要消灭一种相对比较急功近利、比较浮躁、比较不择手段的方式，把自我的标准、目标提高一点，逐步培养一种更成熟、更公正、更有正义的价值观。任何一种政治制度、组织制度，唯一的衡量标准就是看它是否公正。如果职务提升、奖励、工作的分工安排等，一旦不公正了，肯定不是从组织需求出发的，而是来自自我偏好，特别是这个偏好还可能带有个人偏见。我们能不能通过这种激发式的学习，使队伍更净化，这不是简单教一个技能，应该是希望激发人全面的发展，这个过程是需要自己悟的。会看书的人看什么书都是好书，会看景的人看什么景都是好景，关键是看我们能不能自我完善、自我调整。

激发对人、对组织的尊重

组织就是一种人与人的组成形式，我们必须以一种真正的对生命的基本尊重、基本平等来认识组织行为。在此认识的基础上才有领导力、团队，并由此找到自己的角色，把自己的角色确定好，成为这个团队的成员，然后再进行相互沟通，而不是靠纯粹的发号施令开展工作。有的人在团队里威信很高，实际上不在于他能干，而是因为他有领导力；反过来有的人很能干却领导不了别人，实际上是因为他对组织的真谛不清楚。很多领导力的课，领导力的技巧，领导力的组织，领导力的方法、风格都可以去学，但是根本的东西还是要靠自己悟出来。

激发不断学习、不断创新、不断应对变化的能力

任何一个学校成功或失败的判断标准就一条，就是这个学校的学生出去以后还学不学习。有些学校的学生在学习过程中不单单是学会一个简单的技巧，还学会了一个持续的学习方法，始终对世界保持好奇心，打开了另外一个思维的空间，学会了从另外一种角度看世界的方式。如果没有点好奇心，没有整体性，人的判断是会受影响的。

激发更多自我批评、反思和自我完善的精神

自我保护意识较强或者听不了别人批评的人大多出于两个原因：第一，不自信，怕人家说；第二，不明白，因为自己没弄懂怕人家一说心虚了。如果未来我们可以反思、可以交流、可以批评，能够承受这些，你的心理、面子可承受的宽度就增加了。未来大家要围绕反思能力去自我完善，自我改进。企业也是一样的，只有不断地调整战略，调整方法，调整组织架构，调整人，组织才会越来越有生命力。每个人都要对自己有一个正确的评价，通过“晨光计划”的训练使你意识到原来我是这样的，原来历史是这么走过来的，原来五大洲是这么大我这么渺小，原来我在这里跟别人比起来有什么不足，原来不只是我有不足别人也有不足。

激发承担风险、承担责任、勇于挑战自我的精神

承担责任的前提是你对问题清楚，通过“晨光计划”的训练，每个人都能够举重若轻，都不会被小问题吓坏，不会有大问题而发现不了，能够比较明确地判断现在面对的形势和可能出现的问题，由此会变得敢于承担责任。这里的责任是对事务处理应负的责任，是让团队健康运营的一种文化，并不具体指哪一个责任。到目前来讲，中粮集团对经营性、市场性，特别是对处以公心努力以后的结果，包容度非常高，因为领导层知道团队努力了、进步了，行业本身的环境和整个外部宏观大环境是不可控的，但是，在这个过程中团队负责人必须要能够反思，能够承担责任，能够带领团队研究问题，这样的团队未来才会有更好的发展。

形成长久的自我驱动力量

有些人被提拔后就不再进步了，是因为过去没当过官，刚当了小官没人催了就不要求进步了，原因就是缺少自我激励。中粮集团有很多自我激励的经理人，做事情常常超出预期。这个特点在中粮内部很普遍，这应该成为中粮经理人应有的一个非常重要的态度。当然还要有整体性，自我的能力要通过整体来发挥；还要摆正个人的自由发展跟团队之间的关系。我希望大家在自我激励的环境中，永不懈怠，自我驱动。

中粮内部大家对业绩都非常在意，对战略的执行，对为完成战略目标而克服困难去执行做得都很好。但是，当大家通过培训，变成一个有追求、不满足和自我标准提升的人时，在此基础上所焕发的激情才是更好的，它使执行力和业绩不断地被创新和提升。所有老企业不管占领了多少资源，不管有多少历史背景，只要对现在的前景、现在的环境反应慢，组织创新力不够快就会被别人超过。组织在前进的过程中要看自身怎么来把握，要在目前的管理前提下，

继续提倡有激情的创造者，有激情的永不满足的追求者。国有企业的创新性来自企业的探索，不能等待观望。

培养系统思考能力

过去讲系统思考，讲的是战略十步法，要先想什么后想什么，这是系统思考很重要的一部分。其实系统思考不只是琢磨事儿的，还可以把你的经验、知识、道德标准、社会标准做一个结合。那什么是系统思考？比如你见到了你的团队，有人高兴有人不高兴，你应该怎样调动；既有客户在场，又有对手在场，你应该怎样把局面和环境调控好。任何一个新元素被加工以后，都会变成自身知识系统的一部分，这就是系统思考。我们有了系统思考才会有自信，才能应对复杂的局面。未来的经理人肯定要承担新责任、更大的责任，希望通过培训真正产生一种激发，使中粮的经理人在中国未来整个经理人市场上是一群优秀、完善、完整，能够应对各种各样变化，能够推动企业真正持续创新和进步的经理人。这样的话，“晨光计划”就算是真正起到了作用，取得了成功。

（2010 年 3 月）

人力资源管理的公正性和科学性是人力资源工作的两个重点。

人力资源管理

中粮集团的每一个中心、单元、部门都在进步，这种进步基本上是通过人力资源管理的提升带来的。

如果过去我们有一些地方做得不够，进步不大，也是因为我们在选人的问题上不及时、不果断、不坚定所带来的。因此，要把人力资源工作的重要性放在整个管理的角度来看。

人力资源管理培养人、激励人、选拔人、调换人甚至处罚人。中粮集团的业务在不断地发展、不断地进步，社会也在不断地变化。过去我们招收大学生，培养成干部，大家四五十年在同一个系统里工作。中粮一步一步发展到今天，人力资源工作不断在更科学的环境下运行，它不仅仅是全产业链的核心，甚至是企业管理的核心。

一旦把人力资源工作和战略、财务、办公室、审计放在一起，就基本上把它放在了一个操作层面上，而从管理角度看，企业的竞争就是人才的竞争，任何一个部门的发展都是通过人的提升来体现的。“管好了人，就管好了全部”这句话实际上把管人放在了一个更高的层面上，是有一定的道理的。

专业的、专职的或者是部门负责人力资源工作的同事和公司的一把手是有一定矛盾的，但这个矛盾并不是对立的，它是由企业在发展过程中大家看问题的角度和认识方法的不同而导致的，只有真正等到双方的理解和企业的进步、专业性提升了之后，形成一个合力，才能促进这个矛盾的化解。中粮集团人力资源工作者真正的能力、地位和重要性，未来一定会来自两个方面——人力资源管理的公正性和科学性，这就是人力资源工作的两个重点。

人力资源工作的公正性

大部分对人力资源工作起一定作用的人，最大的成绩、对团队影响最深的不是他的聪明才智，而是他的公正性！做人力资源工作的时候一定要出于真正的公心，有公正的态度。只有这样，人力资源工作才有力量。

公正是人力资源工作者最基本的素质。任何一个社会最终能够存在、能够有生命力都来自公正。和谐社会的基础是公正，不公正就不可能和谐。对一个经理人来说，他工作的状态，包括他个人对企业的情感一定是源于这个企业的公正性。公正不是“大锅饭”，比如奖金一人一万元，这是最大的不公正，这样的话组织也会因此而散掉。为什么？因为都如此“公正”了以后，社会就失去了进步的动力。把公正变为不公平，员工不会真信你，团队不会真的被调动起来，组织文化不会真健康。要用公正的标准把适当的人群划分开来，而这个划分的结果是使这个组织更有活力、更进步。

目前，中粮的人力资源工作者基本是公正的，要做得更严格。这里面就有了所谓人的因素，就有了对人水平要求的因素，就有了对人自身能不能真正掌握人力资源工作这门科学，并使之能很好地被应用的因素。集团最终的目标是要使内部 90% 以上的人有干劲、有活力，还要使跟不上集团活力的人能够逐步地进步。人力资源工作者要比较温和地、比较有人情味地处理问题。

做人力资源工作不能有太多的自我喜好，特别是不太公正的自我喜好。只有这样，人力资源部门才会有说服力、号召力、向心力，以及推动力。

人力资源工作的专业性和科学性

在强调公正性的同时，还是要充分提倡真正的专业性。比如，人力资源工作怎么能和产业链有一个衔接？实际上产业链的设计，要求我们具备极强的专业性。人力资源工作在这个过程中是非常重要的。几百人、几千人、几万人形成一个组织之后，既想让这个组织具有很强的活力、创造力，又想让它有很强的纪律性和很高的目标，还要它每天完成一个具体的事，这是不容易的。因此，人力资源管理的难度相当大，具有很高的挑战性！

我记得好多年前，华润有个人当了一个厂的经理，当时有很多争议。我问厂里原来一个退休的老厂长，“这个人怎么样？”他说，“不错，别的不说，他能够把人管住，管住人，别的也就管住了。”当时我认为这种说法相对比较狭隘一点，但是今天回头来想，一个企业要想发展，必须要把团队拢得很好。人力资源管理有很强的综合性，什么难题转一圈，最终又转到人身上了。

那么，用什么方法、做什么才能使人力资源工作具有科学性？人力资源管理发展到今天，从不同的流派开始，每一个流派下面又有很多管理的方法，如今都可以用机器选人了。有没有用呢？会有一定的信息提供作用，但是作为人力资源工作者一定不能放弃自己对人力资源工作的判断。如果有专业的对人的判断力，再加上翔实的资料和科学的方法来支持，人力资源工作才会成功。

集团人力资源部和下属公司的各个部门都要有一个科学评价的方法体系。比如，考核经理人，如果找不出好办法，可以先出一个大纲，再细分一下。人力资源工作有了专业性的做法，具备专业性的水准以后，就真正能够变成推动中粮集团进步的重要动力之一。从很多公司的进步来看，并不是因为科技发展了，也不是因为公司有一个特别新的产品，而是来自团队自身在原有水平上的提升。评价方式的改变，人员调配的合理性，一下子把人充分地调动起来，进而就会转变成为一种创造性的团队文化。

中粮的人力资源部门目前就处在类似的阶段，这个阶段本身就对人力资源工作提出了更高的要求。这个要求就是要具备真正的公正性和专业性，要把它们逐步真正地建立起来。

（2010年8月）

实际上我们对生活的态度最终会转化为对企业的态度。我们在生活中很积极、很乐观、很有贡献，我们在社会上也会非常自如，非常成功。

员工态度决定企业未来

比较“自我”的员工有三个特点：一是会问做这个事情对我有什么用或有什么好处；二是要问一问这个事情为什么要做，做完了有什么用；三是一旦前两个问题弄清楚了，就会做得很努力、很卖力气。

正确处理公司和个人之间的关系

在任何企业里，如果企业员工或者这个企业做事情不问一下对员工有什么用、有什么好处，这个事情基本没有成果，因为缺了自我。

有自我才有创造，有自我才有动力，有自我才有自身不断进步的可能。但是，自我的价值最终还要体现在一个集体中。整体来讲是要处理好个人和企业的关系，这非常难，也非常重要。大部分发展不是很好的员工，很大程度上是自己的定位和企业有矛盾，最大的问题在于你是否把个人目标放在了集体的目标里，对这个集体的贡献、参与，以及集体对你的要求和培养期望值是不是吻合。

对待问题专业和科学的态度

现在中粮内部，宏观的事情问得比较多，因为每个人都想站在一个很高的地方看问题，但是真正去探究问题的比较少。要做好产品，应该真正在好产品上下功夫。中粮内部应该追求专业性、科学性，每一个员工都应该成为一个专业的人，这点在未来应该得到更多推广和提倡。

对目标的执着与投入

投入感几乎占了事业成功一半以上的比例。杰克·韦尔奇说一个员工最重要的特质是 Passion，就是有激情。所有员工必须全身心努力，带着对目标的参与感和自身希望达到目标的激情投入工作。

在华润刚开始做啤酒时，第二个工厂建立以后遇到很多困难，比如持续亏损、运营问题、员工矛盾、调整总经理等，对手也非常强。那个团队经历了无数的困难和泪水，凭借对目标的认同和努力，一路把这件事推动过来，这和他们当时的投入有着巨大的关系。从中他们得到了什么呢？第一，他们每个人都获得了不错的收入；第二，凭借专业水平在酒类行业里得到了相当高的地位；第三，他们用 15 年的时间，从零开始，建立了一个全球第一、市值上千亿元的企业。

投入感有人是天生的，有人需要激发，需要团队带动，也有人最后激发不起来。公司一定有 10% 左右的人变得比较冷淡，他们一定会以批评为主。实际上我们对生活的态度最终会转化为对企业的态度。我们在生活中很积极、很乐观、很有贡献，我们在社会上也会非常自如，非常成功。

中粮的未来就是员工的未来，员工的未来就是中粮的未来，中粮未来好不好首先取决于中粮员工的态度。中粮必须有非常积极、非常有活力，而且有投入感、爱公司的队伍，这样中粮才能有自己的力量。

（2010 年 8 月）

学习最大的快乐是有了一定的思考之后在别人身上找答案，特别是在你比较崇敬的人或者组织身上找到答案。

在实践中学习和印证

晨光班代表未来中粮集团发展的动力

有一些经理人，离开一个规模比较大、有盈利的企业，到一个规模比较小、亏损的企业去，为什么这样呢？因为中粮集团的事业在往前走，因为这是一个必经的过程，需要把最好的经理人放到最困难的地方去。这是中粮集团整体最重要的特质。

晨光班代表未来中粮集团发展的动力。未来，晨光班的学员要能够独立担负一个新任务，去解决问题，这代表中粮集团未来的发展。比如说随着未来农业的发展，巴西对全世界而言将会是一个大粮仓，是个很重要的区域。如果中粮集团买了巴西的工厂之后，有没有一支队伍可以用十年的时间把巴西中粮建立起来？如果没有这样的队伍怎么办？比较放心让谁去管？

比如，中粮现在做产业园，产业园该怎么样去领导，区域公司该怎么样去领导？大家得有一个思想准备。

学以致用是学习的关键

学习这两个字是伴随我们一生的，中国人从小开始学，活到老学到老。有些人学了一辈子，读完硕士读博士，读完博士读博士后，然后又研究课题，最终没有什么成就，因为不会用！而团队学习、行动学习、组织学习、学习型组织、学习型政党、学习型城市、学习型国家，同时还有标杆学习、案例学习、系统学习等，一直都在强调学习问题，实际上这是一种从灌输性学习逐步走向相对主动学习的过程，但是想学习了还不够，还要有学习方法。

哲学中认识论讲的是学习的方法，这里可以讲精神也可以讲思维的逻辑。说到认识，为什么有些人思维逻辑比较强？为什么有些人处理问题比较全面？为什么有的人遇到实际情况时会比较多地利用获取的知识去解决问题？实际上就是会学以致用。

学习绝对不仅仅是理论的丰富。大家可以去看彼得·圣吉著的《第五项修炼》，这本书里提到的学习型组织是这样的：这个组织很爱研究别人，这个组织很爱收集知识，这个组织自身主动地应对不断变化的事件，吸收新的信息，通过自我的消化做出一个自我反应的系统。这才是一个学习型组织。很多人对别人的事看得很清楚，但说到自己的事就不行了。这就是只有学习没有提升。

带着问题去学习

有句话叫“我注六经”和“六经注我”。“我注六经”就是说你可以尽量理解六经的本意，可以把所有的经典都读完，哪本书，谁讲的等你都知道，这可以称作学问家、活字典；“六经注我”就是当你每看到一个经典都会来论证自我的观点。我们要带着问题去学习，可以把自己的经历、思考所自我形成的东西通过别人的观点来印证，经过思维和这种品悟的过程，形成相对比较系统的自我看法。

学习最大的快乐是有了一定的思考之后在别人身上找答案，特别是在你比较崇敬的人或者组织身上找到答案。“六经注我”的这种快乐会激发你更多地去学习。当然基础是你自身要有一个系统的思考、思维的分析和自我建立起来的理论基础。每个晨光班的学员，应该对每一个问题进行系统的、逐步的思考，融入自己的想法。所谓的“敢决策”“善决策”“心要狠”，一定是有你自身掌握的思维方法和你自身思考深度的基础在里面的，否则你一定很心虚。这样的话，理论和实践就慢慢结合起来了，这样就使学习成为一种交流。你会发现你在中粮经历的事情，经历的复杂程度，经历变量之多不亚于任何一个体系。

到别的企业或公司参观考察，要带着问题去，对方公司不错，那么为什么不错？对方怎么走过来的？为什么这么做？我为什么和对方不一样？其实这些就是不同。从这个角度来说有准备的学习，有自身观点的学习，甚至可能是带有争论的学习，才能使我们有成绩，使我们能够逐步形成未来工作中的方法，一个学习型组织的方法，使团队进步得更快。

（2010 年 10 月）

海底捞因为重新定义了员工与企业的关系、老板与雇员的关系，当然也改变了企业与顾客的关系，原来可能是矛盾的三方成为一体了。这样一个新的信仰和信任的关系就形成了，你把每个人当作好人，每个人就真变成了好人，每个人都希望世界变得更美好，世界就真的更美好了。

海底捞的机制

黄铁鹰是做过商人的学者，或者说他本来就是学者式商人。他总能抓住管理学中的本质东西，他总善于把管理学所有技巧性的理论一直追溯到人性本质的深度来拷问，他不喜欢把他的观察局限在金碧辉煌的董事会议室，他更喜欢问老板与雇员的关系是什么，企业中每个人的感觉是什么。到一家餐厅他更喜欢看厨房，到一家工厂他更喜欢看车间，他最喜欢与一般员工聊天，而员工也喜欢与他聊，他总能从制度设计角度为企业的成败找到“人”的原因，而且这个原因往往是对的。

他的这些特点使他与学界、商界的人都不同，这几年他在北大不仅是很受欢迎的教授，不仅开创了校园与企业结合的许多先例，他也把他的观察思考更系统化、整体化、精神化了。他的许多发现和角度让我们感受到了企业管理实践的永续蓬勃和创新。

中国成千上万家餐厅，成功者各种原因都有，像海底捞这样一家成立时间不长的火锅店，在人上、信念上下这么大功夫的不多。

在海底捞，人们感受到的是一群态度不同的员工，他们乐观、主动，还带着强烈的自豪感，他们笑着的眼神中传达出诚恳和欢迎你来的意思，走起来很快像小跑，想让你满意的意图很强。从它的价钱，到它的菜品，到那幢楼里其他餐厅都冷清只有海底捞要排一小时队，我突然觉得黄铁鹰这次抓住了一个很特别的研究对象，因为这个对象身上有种特质很稀缺、很宝贵，它可能是未来企业中越来越看重的东西。大部分企业不缺制度，制度也能起很大作用，可仅有制度会造成机械和被动；大部分企业也有奖罚，金钱当然能起很大的作用，可仅有奖罚会造成交换和隔膜；很多企业都有理念、愿景及使命，可仅有这些可以挂在墙上的东西会造成形式感和空洞，只有把这三者适当地放在一起了，企业才是一个完整的管理系统。

企业中有种看不见但处处能感受到的东西，可以叫它理念、文化或信仰。这种东西不需要，也不可能孤立地去建造，每家企业都有，有好有坏，因为它是企业管理中所有行为的结果。海底捞就在它的员工中建立了这样一种让人痴迷的理念。这种理念是在海底捞的封闭环境中形成的，与企业外的社会一般做法不同。海底捞因为重新定义了员工与企业的关系、老板与雇员的关系，当然也改变了企业与顾客的关系，原来可能是矛盾的三方成为一体了。这样一个新的信仰和信任的关系就形成了，你把每个人当作好人，每个人就真变成了好人，每个人都希望世界变得更美好，世界就真的更美好了。海底捞做了这样一个不是没有风险的尝试，但却很成功。海底捞的老板一定是一位心中有大爱的人，因为只有有大爱的人，才会有智慧把组织做这样的改造。

（2011 年 3 月）

你们信了吗？你们做了吗？这个东西融入你们的血液中了吗？

高境界做人，专业化做事

有个哲学家说过这么一句话，“人类应该思考的问题我们的前人都思考过，我们现在唯一能做的是重新换一种方法来思考。”我们重复前人做过的工作意思不是很大了。比如，现在很多学校有时候请我去跟学生见面交流，我会说，你们课程全学完了，你们书全读完了，你们读过很多我没读过的书。那我讲什么呢？我只讲一个。你们信了吗？你们做了吗？这个东西融入你们的血液中了吗？

新的同事来到中粮，当然希望在中粮发展得非常好，但是每次我也讲到，如果中粮对不起你，你离开中粮，那则是中粮的错误。前面讲到中国的食品安全问题。我们的一个来自台湾地区的合作伙伴，他写了一篇叫作《中国的消费者你为什么不愤怒》的小文章。什么意思？有什么样的消费者，某种程度来讲就有什么样的生产者。所以反过来讲，有什么样的员工就有什么样的公司，有什么样的员工就有什么样的领导，这是相互作用的。从这个角度来说，我觉得大家应该积极地在中粮发挥作用，不光是作为谋生的手段，谋生是基本，但是在年轻时期应该有理想。中粮有一句话——高境界做人，专业化做事。我自己感觉高境界不是说教，因为我知道说教的话不起什么作用。今天我说的是真心的体会，一个人有这样的作用才能被社会所承认，其生命价值才会发挥得比较完善。

从这个角度来说，我希望中粮能够给大家提供这样的机会，我希望用你们的努力，还有中粮自身、我自身和团队自身，把企业和自身的关系摆正了。张勇（海底捞董事长）我也见过，在沈阳大悦城开业的时候，他说："作为中粮这样的企业，为了请海底捞到沈阳来开业，竟然专程到重庆找了我两次，让我非常感动。""我本来觉得沈阳这个地方太北了，我说算了，不去了，结果中粮打动了我。"张勇这个人改变了员工和所谓老板之间的关系，员工和客户的关系，员工和公司的关系。中粮能不能反过来，真正地建立一个中粮特有的，员工之间、员工和老板之间、员工和公司之间的关系。我觉得这是未来中粮努力方向上的一个非常重要的方面。

在中粮工作很辛苦，但是在辛苦过程当中会带来一些乐趣，带来一些提升，会有创造的愉悦感。这个过程会带来智力、品行和生命的丰满。为什么这么讲？我希望中粮的员工除了工作以外，在任何的场合出去以后是很有朝气、很有创造、很有建设、很有对世界认识的，而不是简单地说我就会干这件事，我就会弄个表，除了这个以外什么都不知道。

马克思真正给共产主义的定义是每个人的全面而自由的发展。今天我拿这句话用在中粮也是一样，物质一定是基础，但是反过来讲，我希望我们能够平衡这种所谓的自身全面的成长。我希望大家在中粮能全面地提升自己，为什么这么讲？因为中粮给了每个人提升自我的机会。当时坐在这儿想到这句话时，我突然看了看周围的几个人，发现每个人都在提升的过程中。为什么中粮会有这个转变？你们大家到中粮能不能找到这个位置。因为你们不需要转变，你是一张白纸。那么如何提升自己，比如大家调研的表做得不错，我觉得提供了不错的信息。但是事先有没有做过这种调研和培训呢？你们的调研其中有一个表提到 AC 尼尔森，说中粮和 AC 尼尔森不一样，那你们研究过 AC 尼尔森吗？有没有做之前去拿一份 AC 尼尔森所做的数据，把它的格式分析一下，学习一下，看一下他们是怎么做的？而不是简单地说："我发现了一个事，我发现了另外一个事"，这个发现不放在系统里就不会带来什么。所以这个提升是非常关键的。中粮的转变，从所谓的向实业化转变，后来又做了品牌也做了分销，再后来做成综合性的企业，一直到最后变成粮油食品的企业，最终做到全产业链的企业。在这个过程中真正的核心点是团队在不断转变的过程中。

人的转变是第一的，人的转变基本上是所有转变的开始，也是决定了能不能成功的最主要的因素。今天的中粮集合了很多资源，如果说中粮今天画一张图来给外人看，他们感觉我们已经很强了，他们感觉我们贸易的量也比较大，内贸的量也比较大了，加工的量也比较大了，品牌、销售、渠道、研发中心、人员的数目都很大了。中粮最终能不能做到真正的是一个由品牌、技术来推动的企业，不是因为大宗商品，也不是因为政府，而是真的符合了市场，最终所有的竞争力是来自它的品牌，来自它的技术，来自它的团队。能不能做到这一点？今天我认为距离还比较大。那天我说我们的员工、我们的同事、我们的管理能力和我们的资产一样进步了吗？我觉得好像慢了点。如果放在相对比较成熟一点的同样规模的企业里，那么可能我们几乎在所有的环节里，管理的水准、整体的员工对这个业务、对这个组织所认识的程度，可能要慢一点，要弱一点，这是我的感觉。从这个角度才提出来一定要提升，一定要有一个真正的全员的提升。

我以前也说过，离开大学校门是真正的学习的开始，当时我的感觉就是刚毕业的学生一到公司里面学习的精神就弱了，不在于看看书什么的，而在于学习、研讨、探索、提升的精神弱了。为什么？不用考试了。我知道你们都愿意学习，应该把真正的学习精神带到企业来，学习精神不单单只是看书的方法，而是不断地探索、不断地追求答案、不断地做新的尝试，今天说这个话也不光是对新员工说，公司内部都应该这样做。反过来讲，公司自身怎么样提供这样一种大的环境、必要的条件，这是公司真正管理的根本。

我过去在公司讲过，再过几年中粮不要做预算了，预算会限制我们的思维，限制我们的创造性。但是在这个基础上，如果使得员工能主动地提升公司，前面讲到这是双方的，员工自身也是有使命的，员工自身对这个行业、对国有企业、对自己的职业生涯、对你所在的部门能不能有一个连贯的精神和努力在里面，包括专业性，那么这个放在一起才能使得新员工在这个公司里有一个好的发展。我再强调这个发展是很多层面的发展，中粮应该给大家提供，在精神上是有依归的，在使命上是能够追求的，在物质上是能够满足体面生活的，在职业生涯、专业技能上是能提高的，在社会上是被人尊重的。中粮自身如果提供不了这些，那不是你不好，而是中粮本身有问题。我今天说的既是理想，也是具体的基本的工作方法。恰逢中粮在不断提升的时候，我希望大家能够在各个层面上跟上公司。公司“爱的鼓励”加了一句“一年更比一年好”，这个是有很多期望的，我希望大家真正地能够以你们的努力来推动中粮的进步、推动中粮的提升。我每次会客也好、吃饭也好，一坐下来就看看他的谈吐，说几句话大体上知道这个公司是什么公司，因为每个人都会带来那个公司的感觉和味道。那么在中粮，让我们一起很有修养、很礼貌、很专业、很承担，而且很沉稳、温文尔雅，然后变成这个行业受人尊重的人。

世界是你们的也是我们的，归根到底是你们的，你们年轻人像早晨八九点钟的太阳，希望将在你们身上。

（2011 年 8 月）

我希望我们的学习，是能够怀着一颗谦卑和敬畏的心来看待世界，能够把自己定位为一个谦卑、敬畏、充满好奇、勇于探索的人。

企业管理者要具备不断学习的能力

中粮开办晨光班，得到了集团内外很多人的赞誉，但也让我有点担心，担心大家觉得学了这个班就可以了，觉得这个班能提供解决所有问题的锦囊妙计。

在我看来，企业界里几乎没有谁是因为上了某个班或某个学校而成为企业管理者，即便从通用电气走出来的 130 多位世界 500 强 CEO，我猜他们可能大部分也不是哈佛商学院毕业的。今天如果我们还期望着通过上某个班或某个学校来解决某个问题，可能就错了，那样我们这个班就成了一个包袱。

这个班只是给大家开启了一个学习的起点，你能不能从后备干部真正成长为一个一流的一线经理人，还需要有相当的历练和具体的工作。我以前写过一篇文章，说过所谓培训班就像商店里面摆着的空货架，只是为你搭了一个结构，内容要自己填上，而且要不断地填上。并不是你今天把“锦囊妙计”拿走了，问题就解决了，也不是你今天把这个课程学完了，学习就结束了，这个班最重要的主题就是赋予学员一个不断学习、不断理解、不断探索的能力。

从这个意义上说，只有在没有所谓外部计划压迫下仍可以主动学习、思考的人，才是一个真正能学习的人。我希望我们这个班，能够让学员变成一个真正肯学习、爱学习的人。

所谓学习，不是每天必须要做多少题，看多少书。走路的时候可以学习，跟小孩聊天可以学习，工作中可以学习。我希望我们的学习，是能够怀着一颗谦卑和敬畏的心来看待世界，能够把自己定位为一个谦卑、敬畏、充满好奇、勇于探索的人。只要你不断地学习，丰富自己，就会不断地得到外部新生事物的启发。新的问题是挑战，是机遇，也是一个让自己心智更成熟的机会。我们要通过建立一套系统的方法，科学的方法，收集信息的方法，加工信息的方法，实践和学习不断重复的方法，把中粮变成一所真正的大学，让大家在这个大学的试验场中，不断地实验、反思和改进自己，这才是我们办班的主题。

开办这个班付出了很多的努力，运用了很多授课形式和方法，只要能开启大家的学习之门，让大家对探索未来感兴趣，那么开班的目的就达到了。

（2012 年 7 月）

在公司里面怎么工作？我想除去 99% 的运气以外，可能还有 1% 的建设性，因为我做到了别人没有做到的事情。

建设性

每年看到新的同事，都有很深的印象，每年都不一样，这个社会变化很大。一年一代人，在社会上不断收到新的信息，新的观念，新的行为准则。

大家无论讲话、想法都非常多样化，这个多样化是没有经过磨炼的，还比较有原创性，没有被统一起来，非常可贵。新鲜血液非常可贵，每年我都希望能看到真正有活力、有素质、有热情，特别是有创新动力的新同事加入。

我今天听了这么多的汇报和发言，给我印象最深的是“爱的鼓励”的速度。“爱的鼓励”我们已经“鼓”了好多年，怎么今天速度变快了？人不一样，事情也不一样，这是非常明显的。

我今天就想讲个人在一个团队里面的建设性的问题。什么意思？就是我们可能有一些很有思想、很有想法、很有热情、很有动力，也很积极工作的同事，他在队伍里是活跃分子，可是没有被这个队伍所重视。他可能对这个组织，或者对这个团队的成员有批评、有不满，他或许会带着一种抱怨的情绪工作和生活。他可能是对的，最起码在某个阶段是对的，但是他运气不好，他就一直生活在一个不是特别幸福的环境中。为什么？我觉得他没有建设性，他提的问题可能是对的，但是他不能解决这个问题，或者不能执行这个问题。他是不能怪这个团队的。四五年前，中粮集团调整了一个班子，当时这个班子中有一个同事，他是被免职的，他就跟我讲所有班子成员的不好。我说，你今天说得对不对，我很难判断，假设你百分之百对，我也不能听你的，因为我只有八个人，难道我要去怪罪那八个人？

我希望大家的工作是有建设性的，不单单是能够有一些想法、一种热情，也不单单是在某个阶段提出批评，而是在适当的场合、适当的时间、适当的分寸上，根据团队的能力去提出建设性的推动力。我觉得这个很重要，特别是对年轻人更重要。如果大家认为你是一个很有想法、很有热情、很积极努力工作的人，但是你完成不了一件事情，没有建设性，革命性的问题你也做不了，你对团队的影响相对来讲可能就是负的。这就是实用主义，真正有革命性的人是不多的，机会更不多。

中粮集团过去的发展就是在这个行业里面，不断有建设性地去推动。我觉得建设性有以下几个特点。

对自身的定位和态度

大家必须要有一种态度，就是你要定位好自己和这个社会、这个公司、这个团队的关系。你是他们的一分子，而且在团队中必须有建设性参与的角色。你的个性一定要有所保留，任何时候都要讲究度，没有个性是不行的，跟别人都一样也不行。团队也好，组织也好，太平淡了、没有贡献、没有创新、激发不了进步也不行。反过来讲，你在团队中如果不是很有建设性的角色，那也不行。如果你是一个积极推动的角色，是一个善良的、关怀的，是一个有爱心的角色，这个角色就会变得有建设性。

大家都参观过中粮集团的博物馆，看到中粮集团的过去和成长，你会觉得这里面真正有建设性的人参与了这个事业，不断贡献他们的力量，使这个事业不断往前走——这些人在整个组织里面一定是贡献最大的、最受到重视的。

如果单纯说奉献，解决不了很多的问题，尤其是持续不了，必须在个人得到很好的发展的环境下，才能讲到个人的发挥对集体目标的形成和达成的推动力量。做一个积极的建设者和奉献者，是要有环境、目标和目的在里面的。

国有企业从体制设计到管理制度，到企业内部管理方法、经营业绩，到内部很多操守问题，肯定是有应该改正的地方的。问题是谁的提议有建设性？不能每个人都有意见，却没有一个人形成专业的纲领，也没有形成专业的方法，更没有人去执行。

我说建设性的意见，是想能够真正出于真心、爱心，负责任地找出问题的解决方案，只有这样才能在组织里生存，才能生存得好。以前有一些同事问我，在公司里面怎么工作？我想除去 99% 的运气以外，可能还有 1% 的建设性，因为我做到了别人没有做到的事情。

专业性和系统性

做什么都有专业性，做什么都有一个专业系统、专业领域和专业知识的积累，还有专业的方法。

例如，你做了悦活优格的市场调研，从改变包装、改变口味、改变定位，到改变渠道，这是一个很大的题目，基本上是可以分段的，你全部都做了。我觉得应该更专业，如果明年你还做这个，我建议你和专业公司一起来做，看看他们用什么方法，怎么设计问卷，怎么选择样本。

真正做一个有建设性的人，要在大环境下用系统的思维和真正有组织能力的方法去解决问题。不是非要搞战略才叫有建设性。我看到过一个公司茶水房的案例。因为茶水房老管不好，就交给一个咨询公司来管理。咨询公司搞了一个流程——关于怎么供水、怎么打扫卫生，收到非常好的效果。可见一个小茶水房，也可以做出有建设性的管理。

中国企业比较容易形成笼统的结果，缺乏真正的专业性。我希望大家有较高的自我要求，有专业性才有建设性，逐步把具有建设性的目标提出来，然后去完成。

希望大家能够从公司出发，从个人的发展出发，成为一个比较务实的、脚踏实地的人。只有拥有这样的心态才能不断有建设性，不但对组织有用，使自己和组织的关系变得更和谐，贡献越来越大，而且组织也会越来越喜欢你。这里面需要很多的修炼。

（2012 年 8 月）

中粮集团要成为名副其实的世界500强，需要整个团队做到：第一，有更高的眼界；第二，要有胸怀；第三，专业和系统。

对中粮的未来负责

中粮的团队要对得起“中粮集团”这个名字，这个名字意味着责任，它不允许中粮做一个小打小闹的皮包公司，不允许做和国计民生没有关系的贸易企业，它要求中粮在粮食行业树立主导地位。这是在七八年前的研讨会上就达成的共识。

过去，中粮集团习惯第一年投资，第二年、第三年就盈利，或者第一年就盈利，习惯这样一个快速盈利的模式，但是今天的经营环境已经变了，不允许中粮集团再去做第一年投资第二年就盈利的业务。

中粮集团的资产规模、资产总额不一样了，公司影响力大大提升，行业知名度大大提高，正朝着一个非常健康，未来会在社会、国家中起着巨大作用的方向发展，粮食、食品、加工、品牌，每个业务都在发展。

从资产组合来看，我希望粮油品质的大旗能够举起来，盈利能够跟上去，最终成为规模企业，非粮油业务能够为粮油业务提供支持。按照“分水岭”，如果要给中粮集团打分，大概处在2.5分这个阶段。行业选择、战略布局、资产布局、管理能力、业务布局，中粮集团现在都处在一个朝目标前进的过程中。建立业务后要接受挑战，受各种因素制约，这个经历很多经理人都有过很多次，最终能不能把想做的做成，今天是个好的开始。

2012 年是团队积累宝贵经验的一年。中粮集团要做负责任的企业，要对所有人，包括银行负责。

希望未来，中粮集团的粮油、地产业务在发展中还可以继续做一些交流。过去粮油食品业务支持了地产业务的发展，现在和未来希望地产业务能够反哺和支持粮油食品业务的发展。希望中粮集团未来的事业可以发展得更好，这可能是不同商业周期的行业在一起对企业的一种保护。今天中粮集团的发展，是在战略清晰、运营步入正轨的情况下的发展。

中粮集团的资产布局、业务组合、盈利水平都持续保持着领先优势，预示着未来的强劲发展动力。我相信在建立业务、扩展业务这一发展过程中，每一个人都在经历挑战。每个公司都会有在建立业务后受到挑战、受到环境制约的经历。但是，在大的资产组合、战略架构中，今天是很好的开始，要逐步提炼吸收，推进业务发展。

中粮集团要成为名副其实的世界 500 强，需要整个团队做到以下几点。

第一，有更高的眼界。不能得过且过，不能用小生意的经营理念来要求自己，目标要更远，视野要更广。行为是眼界带来的，要有更长远的打算，对行业有更高的敏感性。

第二，要有胸怀。协同和整体性实际上是胸怀问题，从组织到人事，再到业务的胸怀，对上级、下级，对优点、缺点的胸怀，对别人和自己所经历的磨难、挑战和辛苦的胸怀。产业链的实质就是分工和协作。

第三，专业和系统。我希望中粮集团能有真正的专业和系统，有真正的经销商管理和体系。张裕葡萄酒和金龙鱼超过其他品牌，80% 是赢在经销商。过去中粮集团对经销商没有管好，导致缺乏忠诚度，没有建立良好的合作关系。

这就好比我们习惯了开汽车，现在要去开飞机，肯定要手忙脚乱一段时间。今天的这些经历是发展过程中必须经历的。到目前为止，中粮集团做得很好，该培育的要继续培育，亏损的要努力减少亏损，有波动的要控制风险，减小波动。在整个产业链里面，所有的业务一起协同配合，共同朝着全产业链的大目标前进，整个团队要形成共识，坚定信心。

2012年，中粮集团的经营团队经受了一些挑战，也做出了成绩。2013年要更加努力，让全产业链的管理模式继续发展，中粮集团也一定能够在中国乃至世界的粮油食品行业里变成一个优秀的企业。

（2012年10月）

企业的发展阶段有分水岭，经理人的水平分层次，企业的团队素质也分层次，有一个金字塔结构。

总是和对手差一点

企业是一个国家实力最集中、最有力、最前沿的表现，从这个角度来看，中粮集团的任务非常重，也非常光荣。

企业的团队应该是一个具有什么素质的团队？高境界、强合力、重市场，这是对经理人的要求。企业的发展阶段有分水岭，经理人的水平分层次，企业的团队素质也分层次，有一个金字塔结构。

第一层，遵守道德规范，廉洁守法。不做违法违纪的事，这是基本要求，对任何一个有理智的社会公民来说都是最基本的底线，是做人的基本尊严。在金字塔结构中，这是团队素质的基石，大部分人都能做到。有个哲学家说，一个国家就像一艘大船驶向一个方向，但船上每个人心里想的和船的方向不一定一样。企业也是如此。中粮集团有十几万人，绝大多数人都认同企业使命，和企业发展有共同的目标，但是也有个别人不一样。

第二层，符合职业要求，爱岗敬业。按时上班，完成工作，遵守劳动规则，这些是基本的职业准则。

第三层，提高专业水平和素质修养。中粮集团的团队要熟悉企业、熟悉业务，不断提高专业素质，对企业忠诚。专业水平已经变得越来越重要，希望不断选好人才、培养好人才，推动企业的发展。

第四层，做好团队、组织的合作。要想把企业做好，必须有一个全面的队伍，要有团队精神，要做好协同与合作。

第五层，要有创新能力。能创造性地解决问题，创新思维，创新产品。

第六层，能传承，高尚。企业的文化和精神要有传承，企业的团队要有传承，做高尚的人，做高尚的事。有这样的精神内涵，企业一定能够做好。

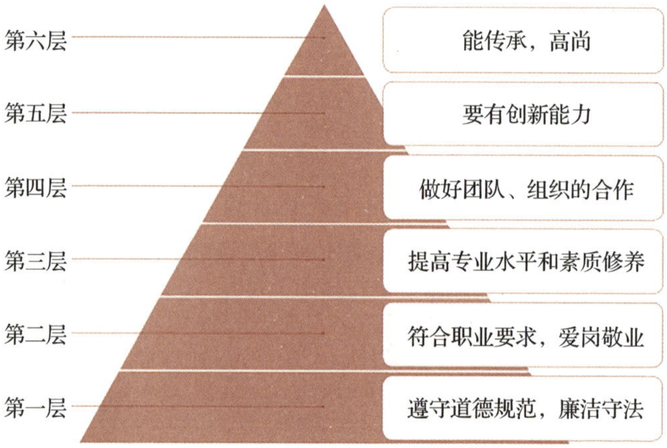

中粮集团要建设成具有国际水准的世界一流企业，要真正建立起行业领导地位和市场地位，要在与“ABCD”国际粮商（ADM，阿彻丹尼尔斯米德兰；Bunge，邦吉；Cargill，嘉吉；Louis Dreyfus，路易达孚）的竞争中树立一定的地位，就必须拥有坚强的团队，否则就没有竞争力。中粮团队的成长必须要与资产的增长相匹配。

反腐倡廉是一个全员、全系统、整体、基本的要求，纪检、廉政应该是企业管理中最基本的东西，是每个人必须做好的。只有每个经理人先把自己做好，才能把团队带好。解决腐败问题，不能仅靠惩罚、靠劝诫、靠吓唬，应该从坚定理想信念开始，建立科学的管理系统和管理方法，靠管理系统、自我约束来综合解决。中粮的团队要树立良好的价值观，提高自我修养，有历史观，讲信誉，有幸福感，崇尚个人价值，有明确的个人定位和人生目标。中粮集团是一个阳光、透明、严谨、守法的企业，集团在非常努力地营造一个小环境的同时，也希望每个人都能受到感染，拥有高尚的情怀。

今天，中粮集团面对着激烈的市场竞争，竞争有“ABCD”国际粮商，有全世界的食品公司，可以说中粮处在一个“战争状态”中。“战争状态”不允许中粮的团队懈怠，缺乏专业水平不行，缺乏创新能力也不行，只有把所有的要求都做好，只有做得比对手强，中粮集团才能在市场上生存。

2012年是中粮集团业务大幅度展开的一年。资产的快速扩张不是难事，短期盈利也不是很难，但有没有真正建立行业领导地位？有没有得到消费者稳固的认可？在这种环境下，中粮的团队需要具备各种素质，来管理好集团的资产。

经理人要提高领导力，有专业性，有判断力。企业的管理要有规范的系统，但如果这个系统程序很长、质量很差、决策很慢、水平很低，就有问题了。为什么同样的业务，中粮集团的人员配备比别人多一点，采购费用比别人高一点，销售费用比别人高一点，投资比别人高一点？中粮的团队必须反思，是不是总是和竞争对手差一点？中粮一定要跨过这个坎提升团队专业。如果长期下去，专业性不足，团队水平不高，在竞争中就会出问题。中粮集团面临的竞争越来越激烈，而团队目前的表现一般，这是一个基本现状。从这个角度来看，中粮集团必须加强团队建设，从基本的遵纪守法，提高到价值观、人生定位、专业、信仰和使命。

过五年、过十年，中粮集团会怎么样？如果中粮集团不能在米、面、油、肉、奶、茶、酒、饮料及地产、包装等行业领域建立主导地位，如果在未来五到十年不能真正成为行业领导者，中粮集团未来的地位就会不保。中粮集团今天的战略部署，已经使整个团队登上了一辆勇往直前的战车，只有真正地实现集团的战略规划，才能有更好的未来。相信中粮的团队经过历练和自我提升，一定能够做到、做好！

（2013 年 2 月）

我们的组织是不断演化、演变和演进的，组织里的人不一样了，一模一样的人的角色也不一样了，组织是在不断更新的，必然需要一个不断再造、再建立、再凝固、再推动的过程。

组织再造迎接挑战

三天的年会开完了，还有意犹未尽的感觉，好像事情还没有说得那么清楚。大家确实在进行更有深度的反思，有比较强的危机感，也增加了一些信心，但是压力还是很大的。2012年以来，我们开始进行比较多的反思，我们面对的新情况比较多，团队变得更成熟、更理性、更有韧性、更面对现实、更注重自我提升。

我从以下五个方面总结我们所做的工作。

第一，我们正在做一件高尚的、对社会有积极意义的事情。我们今天所做的产业，能够推动中国的粮食行业、农业、食品业的发展，给所在区域创造产业，带动地方发展，使农民、客户和消费者得益，我们适应了社会发展的需求和大趋势。中粮集团能够更好地把种植、养殖、加工物流和销售环节联系起来，凸显农民的价值，满足消费者的需求，这个商业过程就是一个高尚的过程，创造了农业价值和消费价值，同时也实现了企业的价值。

第二，我们正在做着一件很正确的事情。所谓正确的事情，是产业内在逻辑的必然要求。在今天的中国，控制、联系产业链的两端，创造出效益、价值，保障食品安全，一定是有竞争力的。我们今天做的全产业链，是符合中国实际、符合商业逻辑、符合基本战略的，是正确的事情。

第三，我们正在做着一件很有挑战的事情。这个挑战在于协同，产业链的每个环节都要强，每个环节价值都要高，每个环节都可以自我竞争和生存，这样联系在一起才会更强。产业链的挑战还在于，产业链自身必须创造价值，这需要通过努力、智慧和系统去解决。

第四，我们正在做一件很专业、具有很高标准的事情。管理水平要高，营销水平要高，融资水平要高。中粮集团要真正成为一个现代化的、高水平的、高效经营的公司，必须具备专业性、大商业思维的经理人队伍。

第五，我们需要对行业循环、行业发展的过程有信心和持久的耐心。价值创造可能需要三五年，也可能需要七八年，但是必须看到进步，这是一个持久创造的过程。

为什么重申这五条？这是我们今天面临的发展阶段。按照我们的规划和目标，中粮集团再走三五年就大不一样了。实际上全产业链真正实施不超过两年，现在基本完成了资产集合和业务布局，运营才刚刚开始。中国华粮集团有限公司并入中粮集团，对全产业链战略是个极大的推动，但是如何契合、实现双赢，还需要去寻找答案，需要靠我们的智慧。我们正处在一个真正的“雄关漫道真如铁，而今迈步从头越”的阶段。

中粮集团下一步要解决什么问题？我觉得应该是“组织再造、迎接挑战”。为什么这么讲？我们的组织是不断演化、演变和演进的，组织里的人不一样了，一模一样的人的角色也不一样了，组织是在不断更新的，必然需要一个不断再造、再建立、再凝固、再推动的过程。2012 年，中粮集团的资产规模比八年前大大增加，有自然增长的，有并购的，也有新建的，资产组成变得更复杂。中粮集团逐步形成资产组合，这个资产组合管理的难度、形势和市场要求不一样了。组织再造能否和不断积累、日益复杂的资产规模，以及不断增加的管理难度相吻合，是一个非常大的难题。中粮集团过去的管理系统、管理方法、管理理念，在一万人的队伍里能行，那么在十几万人的队伍里还行不行？我们组织本身的管理方法、管理理念、管理系统已经不太适合现在的业务要求、环境要求，必须要有一个主动的组织再造的过程。成功的组织再造一定会保证公司的业务和战略发展，可以在一个更高的基点上、更大的范围内再造一个新公司。

如果今天我们抛除以前积攒下来的惯性的管理方法，如何进行组织再造？我们今天必须回答这个问题。我们过去提理念、文化、价值观、使命、定位，应该传承下来。我们过去也不断讲有限相关多元化，讲业务单元专业化，讲全产业链，这个战略也没有问题。我们今天所谓的组织再造，更多地指组织架构、组织内部权限、组织成员评价与考核等，由此形成专业化的团队。

我们要改变管理架构，充分放权，坚决放权。为什么积极性不高？因为管得太多，决策太慢。中粮集团目前的管理架构，是控股公司形式的管理架构。今后必须理顺管理架构，从董事会开始，将董事会变成整个企业管理大循环的重要环节。对具体的业务单元、上市公司，要进行分类管理，原则是充分放权。当然也不是完全放权，还要兼顾风险控制，要加强财务和审计管理。管理的尺度还有一个怎样放权和如何保持平衡的问题，要把授权的度和发挥积极性的度平衡起来。调整后的管理架构，要使每个业务单元真正地遵循行业规律，加深对行业的理解，有更强的动力和更自由的发展环境。

关于评价、考核、奖罚机制，中粮集团这么多年制定了很多不同的激励政策，但由于种种原因，效果并不好，逐渐形成了激励不够、惩罚不够、刚性不够的问题。今后要实施 GPS（Growth Profit Sharing，超额利润分享）和 ROE（Replacement on Evaluation，末位淘汰机制）。GPS 要加大奖励机制，真正地鼓励创造新价值和创造增长价值的团队。不仅是盈利，减亏也可以，只要创造价值就行。ROE 是要加大评价惩罚力度，但是这绝对不会因为某一年市场波动导致的亏损或者创业过程中的风险就实施淘汰，而是要综合考虑业绩、热情、潜力等各方面因素，逐步更换一些不适合这个职务的人，让我们的组织真正地受到激发，活跃起来，真正地快速提升团队的专业化水平，提升公司的专业化能力。我们的团队成员必须用乐观甚至幽默的心态来看自己。

我们今天所面对的竞争环境，超出了一般的管理方法，使团队的进步、团队的激励、团队的评价考核、团队的更新更市场化，是我们在现阶段发展基础上提出的组织再造的方法之一，与组织架构、管控关系、分类管理，以及公司的文化和战略，共同形成整体的团队或企业的组织再造的过程。组织的形态和管理方法有目标、任务和外部环境的要求，必须互相匹配才能完成组织的使命，最终结果就是组织再造的过程。

中粮集团必须在更高的标准上、更有活力的水平上、更有竞争力的动力下，再造我们的组织，发挥组织的动力和能力，完成全产业链战略。中粮集团正处于一个发展的关键阶段，也有很好的发展基础来提升公司的能力，能不能再次激发团队，使我们的创造力比其他国企快一点，适应市场竞争，决定了中粮集团能否达到一个新的高度，完成其使命和规划。

（2013 年 5 月）

你有多大的心境、多大的欲望、多大的胸怀，你就会做多大的事情，你就会在无意之中没有追求世俗东西的时候，得到发展。

心境有多大事情就会做多大

衷心欢迎大家接触中粮集团，看得起中粮集团，加入中粮集团，和中粮集团一起发展，这是一件值得高兴的事情。中粮每年都有几百个大学生加入，新的大学生非常快地成为我们的主力，所花的时间从过去的五六年变成了现在的两三年。

中粮集团今天的面貌，以及中粮集团今天的对外形象，很大程度上是从年轻人的身上传递出去的。只有越来越年轻的员工、越来越年轻的团队、越来越有创新力的公司，才能推动这个公司逐步接触市场、接受新的挑战。中粮集团必须跟上产品的步伐，跟上社会的步伐，跟上自我驱动的步伐。

145 位同事，平均 24 岁，你们今天的起点是一样的。我相信再过 20 年，你们一定都不一样了。你们的面孔、体型、职务、家庭和财富都不一样了。我希望知道大家这个不一样是怎么发生的。我是过来人，大家过了 30 年以后，这件事发生了就已经迟了。什么不一样？就是你追求的东西、你的努力、你的机遇、你的结果和你的环境是不一样的。每个人都会变老，每个人都会变得比较没有冲劲、比较胆小、比较保守，变得比较失望。我不是讲悲观的话，实际上这些是会发生的。但是有一些人是不一样的，例如，你的财富会不一样，你的社会地位会不一样，还有你的心境也会不一样。有的人会学到很多的东西，可能没有那么高的职务和那么多的金钱，但他内心比较富有，对社会的认识比较深刻，自身的生活会非常好。这是非常健康的一种心态。

那么这种差异是怎么形成的？我现在看，第一是财富不一样。假设你今天去创业了，你可能会成功，哪怕去大街上卖油条也可以，这是另外一种选择。这种选择会给你带来一种艰苦和风险，90% 的人可能会失败，不到 10% 的人会成功。当然你可以选择去一个公司工作，在这个公司里，你会有不同的职业经历，这种不同会造成你的地位和财富的差异，当然你本身所花的精力也是不一样的。如果今天我们反过来看，中粮集团会给你一个什么样的环境？首先，我们假设公司本身具有一种透明、公正和阳光的文化，公司的规则很清楚，中粮集团希望变成这样的公司，那么在这个前提之下，你说你找了一份工作，这个工作可以有一些工资，可以来谋生。如果你把它作为一个谋生的手段，你一定会变成和别人不一样，因为你的立意不一样。

任何一个人只有把他的目标设定高过一般谋生的目标，这个人才能谋生得更好，他才会更有钱、更有地位。我希望每个同事一定要知道，你有多大的心境、多大的欲望、多大的胸怀，你就会做多大的事情，你就会在无意之中没有追求世俗东西的时候，得到发展。

我们有一些同事进来以后，会比较计较，会比较要求待遇。如果你在任何地方表现了一种对自身短期、个人局部利益的关注和争取，这一定会是一个问题。你必须相信你越是把利益放开，越是把利益放在远处，越是把工作做好，越是没有个人的欲望和需求，你才会得到更多的回报，所以每个人会变得不一样。在公司里面，能够得到比较高的职务、得到更多的奖励、在公司里面受到尊重的人，一定完全是公司的人，不仅是中粮集团，任何成功的公司都是这样。

新员工我关注得少，过了几年以后，员工本身的培训和发展，我有很多的关注。我们议论一个人的时候，议论一个小经理人的时候，第一个就是他的职业精神，他对公司的忠诚度，包括他的专业性、付出性和奉献性。我不希望把付出和奉献搞成一个比较正式的话题，实际上在这个团队里，付出和奉献是被这个团队领导人所接受和欣赏的，而且一定能得到回报。

中粮集团的老总裁说，中粮集团里面有一些咸菜缸里的老咸菜，搁着的是中粮集团本质的东西，咸菜缸有一些老咸菜传给了中粮集团的其他员工。中粮集团里面真的是有中粮集团的“老咸菜”，他们是最得益于中粮集团的发展的，实际上他们在公司里面都做了 20 年以上。公司对他们的预期性特别强，这个事交给他们做，我大约知道他们会做成什么样，我知道他们会用什么态度去做，我也知道这个问题怎么去处理，能够具有可预测性。他们代表了公司这种核心的精神，例如，非常负责任地跟踪、非常专业地处理问题、非常国际化的思维、对市场变动有比较敏感的处理和决策能力，大家经历了才可以理解。

大家到中粮集团来，问我的建议是什么。我的建议就是，大家不要把它当作一个工作，只想着要挣钱和吃饭，过几年就换地方，找来找去希望找到一个好的职务，不是这样的。我希望大家在中粮集团有好的发展，中粮集团的员工流失率还是比较低的，即使你不在中粮集团做，换一个地方我也希望你能上升，不能越做越不如以前。我突然想到，什么样的人在 20 年以后变得不一样了？例如，我们每年都接待差不多 200 个退休干部，其中年龄最高的 99 岁，年轻一点的也就刚退休。我感觉到，有的人活到了 60 多岁，没有多大的成就，最后在公司退休了，职务比较低，为什么呢？一定是比较消极、心眼比较小的人。开始不满意，退休了还不满意。我希望每个人越活越开放，越活越大气，越活越集体，越活越和这个团队真心在一起。这个组织需要这样的人，除非这个组织是错误的组织。

我希望每个同事都变成这个组织里面积极的一员，大家思维很活跃，会有一些不同的看法。我希望大家能体验到，中粮集团作为企业组织来讲，有自身的文化，有自身的规则，这个规则和文化使得中粮集团可以发展，可以往前走，可以把一个原来不太好的东西做好，可以在这个社会上生存。大家加入这个队伍，加入中粮集团，可以给你带来希望，可以给你带来前程，可以给你带来一个很好的生活，更重要的是使你成为一个很丰满、很正气、很阳光，而且是全面自由发展的人。我希望大家在中粮集团得到全面的发展，同时也使公司往前发展。

中粮集团的未来取决于对年轻人的态度和年轻人在中粮集团的发展。中粮集团的发展实际上是团队发展的体现，而不是说中粮集团很好，来把大家带好，或者中粮集团很好，我跟着一起就发展得很好。外界感觉中粮集团还可以，是因为中粮的团队面貌，通过产品、通过大家自身、通过媒介、通过社会的阶层反映出来，所有的东西都是我们团队的反映。中粮集团特别注重每个团队和每个成员的发展，希望每个团队成员能够在价值观、行为方式和个人的认识上是一致的。

所以我希望每个人进入公司以后，每个人的行为和中粮集团有一个真正的对接，可能需要一段时间使得大家知道一个组织里面怎么来评价、培养和使用人。“自然之源，重塑你我”，自然规则是大家在心目中有一个规则，描述不一样。是不是用自然规则来重塑你我？未来 10 年以后，你去看一看你这 10 年的发展，无论是遇到挫折了还是受到鼓舞了，我觉得都值得反思。

通用电气总裁杰夫·伊梅尔特说了 10 年前的一个问题。那时杰夫·伊梅尔特刚上任，通用电气如日中天，世界 500 强排名里面 50 多个高管竟然都是通用电气培养出来的。杰克·韦尔奇退休时找了三个候选人，让别人先选，选完了剩下的任何一个人都可以到杰克·韦尔奇那里当 CEO。他们这样去做，我觉得非常神奇。结果杰夫·伊梅尔特被选了以后，第一年的工作业绩不如另外两个人好，因为股价没有上升，所以我问杰克·韦尔奇是不是选错了。杰克·韦尔奇非常生气，他说你不可以用一年来评价通用电气的 CEO，你最少要培养他 10 年。

那天我问伊梅尔特，我说刚好过了 10 年，你怎么评价通用电气？他说，10 年前公司 60% 的收入来自金融，今天 60% 的收入来自科技，这是第一个变化。第二个变化，10 年前公司 60% 的收入来自美国，10年后公司60%的收入来自国际。对于我来说，10年以后如果中粮集团有60%来自科技推动，来自产品研发、科技、营养、健康的推动，而不是简单的卖大豆油。当然也可以卖，但是我希望加一些科技因素在里面，如果10年后中粮30%～40%的收入来自国际，中粮就完全是不同的公司。这也是对每个人的期望。我们面对这样一个世界，必须具有一个高尚、宽大、开放和投入的心态。我拿这句话给大家作所谓的寄语，希望大家在未来把中粮集团当家。中粮集团不好的地方可以提出来，可能你的经理不一定听你的，你一定会有委屈，中粮集团自身有很多很多文化上的不足，但是你必须在里面找到生存的环境，你心里的那团火不能灭，这样才能真正在公司得到一个好的发展。中粮集团通过各种各样的途径，通过业务的途径，培训的途径，年轻人被评价、被提拔的途径，给大家提供更多的机会，让大家在中粮集团得到发展。希望大家从今天开始加入中粮集团的团队，希望大家未来从自身的专业能力出发，有一个好的发展。再次衷心欢迎大家来到中粮集团。

（2013年8月）

未来，软实力可能会成为国家或企业间竞争的主要能力。

软实力

过去都认为世界是两分的，有精神有物质，有阴有阳，有天有地。可现在看起来这两分中间还有一层，是个中间体、连接体，而且作用越来越大。两分的界限不清楚了，中间体促使精神和物质的相互转化和相互作用，这对一个国家、一家公司来说都是一样的，这个中间体被称为软实力。

一个国家有山川、有河流、有港口、有道路、有工厂、有大楼、有 GDP、有进出口。可这个国家的足球队、篮球队在这个国家起什么作用？它的电影、电视虽然可能是商业运营的，可它是硬实力还是软实力？大学呢？作家呢？环境呢？民族传统呢？这些东西好像在国家的发展中地位越来越重要了。

硬实力没有软实力的支撑好像就变得没有那么诱人了。去年我参加 APEC（亚太经济合作组织）的 CEO 峰会，虽然只是一个会议，但也感受到了软实力对会议组织的影响。美国虽然仅是二十一个经济体中的一个，可是会议讨论的主题“坚韧恢复”（Resilient Recovery）是基于普华永道会计师事务所的调研报告展开的；对国家和公司的债务评价是基于美国的标准普尔和穆迪公司展开的；对数字的审计是基于美国的四大会计师事务所展开的；对金融市场的评价分析是基于美国几家大的投资银行和投资基金管理公司展开的；对增强复苏活力提出建议的是美国几家咨询公司；甚至会议所有现场信息的报道也基本由美国的几家电视台直播。这些定标准的、审数字的、管钱的、管信息的可能也是软实力，但与硬实力相互作用、直接相连。不能不说美国在这方面的发展是强大的。而如果再往精神层面看，在这些软实力的内容中一定也包含了许多的信仰和价值观的取向，今天这一层对我们的影响实在很大。

公司也是一样，建大楼、建工厂容易，可是组织健康吗？文化健康吗？规则健康吗？无形的比有形的力量还大。传统经济中，企业如果卖东西时品牌是别人的，种粮食时种子是别人的，做衣服时设计师是别人的，做电话时芯片是别人的，做汽车时发动机是别人的，这样的企业没有创新的组织文化，没有创新的技术，没有软实力，难有大发展。

可惜的是一个国家或者一家公司的软实力是没有那么容易建立起来的，软实力其实是硬实力向精神层面升华而还没有虚化的东西，精神层面的东西影响物质的东西而变得可触摸且有形的东西。未来，软实力可能会成为国家或企业间竞争的主要能力。

（2014 年 3 月）

文化是个非常哲学的概念。它不是通过一种制度和要求，通过灌输和教化形成的，它应该是通过一种反思、一种自我觉醒和启迪、启蒙而内生、不断散发出来的，这样产生的文化作用一定会变得比较强。

把无形变为有形

文化是个非常哲学的概念。它不是通过一种制度和要求，通过灌输和教化形成的，它应该是通过一种反思、一种自我觉醒和启迪、启蒙而内生、不断散发出来的，这样产生的文化作用一定会变得比较强。

我们把中粮集团的文化从无形变成有形，变成大家容易理解的内容，希望大家像学习一种方法一样来学习，然后尝试着用行动实践，在实践中理解，尝到好处以后再去实践，然后逐步形成文化的理念和习惯，这种理念和习惯再变成文化，这是可以循环和互相作用的。

我们并购尼德拉集团的过程中，谈判非常困难，某种程度上谈得比较“僵”，谈崩了几次，可等到一旦谈成，外国人立刻就转变了观念，认为你就是老板，好像过去的事情根本没有发生过，完全变成了另外一种感觉。所以在中国，并购企业一般都有很长的磨合期。从这个角度看，文化的作用相当重要。

我不想让大家觉得中粮文化是一个有形、可描述的制度，因为这样的文化一定推动不下去。实际上我们的企业文化很多是被灌输化的。我曾经写过，企业文化是结果不是手段，也就是说，企业文化只是行为方式完成后的一种文化的状态，这个状态会继续推动企业下一步的运行，但是拿企业文化当成手段去进行管理，这是做不来的。另外，企业文化不是一杯立即可以解渴的水，不是今天开个会，明天文化就有了。如果我们开完会，不管是回到宿舍，或者在走廊、在路上，你发现两个人还在说开会的事儿，而且和会议的主题很一致，那这个会一定是真正开到人心里去了；如果把会议内容全忘了，这也还算好；但如果大部分人把这个会骂一顿，那这个会议真的就算白开了。实际上任何组织都可能会存在这样的问题，存在大的系统和小的文化，或者小的、私下的沟通性问题。

企业文化是一个最低成本的激励。有同事讲要像母亲用心做饭的状态来做工作，这是一个很好的比喻。母亲做饭可以说是一种文化，全世界的母亲做饭几乎都是同一个心态，这是来自人性、母性。我们可以沿着这个方向，把无形和有形结合在一起，把精神和物质结合在一起，把信仰理念和行为规范结合在一起，相互作用。有了精神理想信念，行为规范就比较自然了，就不会有被约束感，公司理念和文化的形成就会变得很顺畅。

我们不管怎么讲文化，讲理念、管理、制度，如果领导班子对事情不公正，任人唯亲，私利为先，这样的事只要做一两件，我们就不用再讲文化，也不用再讲理念了，因为失信于大家。这样看来，文化一定是做出来的，而不是说出来的，做完一个事情就有一个文化、一种规范、一种可期待的行为和可预期的心理状态。实际上整个组织会沿着这种心理状态调整行为规范。

此外，企业小的文化要和社会大的文化及整个环境的文化不断地互相融合，这也有相当程度的博弈在里面。实际要把企业文化做到适用于企业，又适用于社会文化确实不容易。说到底什么是文化呢？实际上分为两个层面，一个是对人的人性化，另一个是对事的市场化。中粮集团从核心价值观到使命、愿景都是人性化的，只有沿着这个思路，中粮集团才能持续走下去。我们的行为规范，特别是业务规范、工作方法基本都是市场化的，市场化就要有竞争性，就是不断地提升效率，降低成本，生产好产品，对社会有贡献。

文化在企业里就像空气，不易被察觉。行为规范就像呼吸一样，也是自发的。我们的生命在空气和呼吸之间运行着，对我们会造成不知不觉的影响。中粮集团阳光环的发布是中粮文化的一个里程碑，是我们大家在对自身企业文化、企业环境理解基础上的提炼。未来，我们要不断丰富和深化中粮集团企业文化的内涵，使它进一步影响中粮人的行为规范，对中粮集团的未来产生更大、更积极的作用。

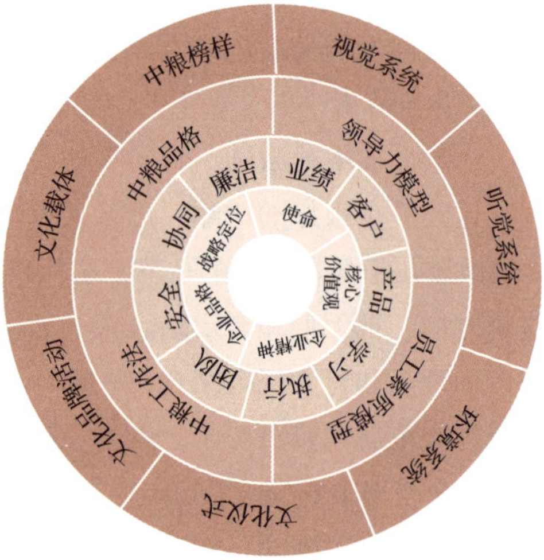

（2014年5月）

我们需要像管理资产一样管理组织，不断推动组织进步和发展，推动每个人的成长，用健康的组织去推动资产整合和文化融合，推动中粮的全面融合，完成中粮集团的国际化进程。

组织健康推动融合

从 2005 年开始，中粮集团的经理人年会已经开了十次。为什么每年开会？我们最早讲经理人回家、欢聚、庆祝、奖励，后来讲读书、交流、总结，今天，我觉得年会的真正作用在于打造健康组织、学习型组织、创新型组织。

我们每年提炼、重复、洗礼、升华，使得组织不断进步，这也是团队成员自我提升的力量。十年来，中粮集团的组织变得更健康，有信仰、有规矩、有目标、有动力，是我们区别于其他企业最宝贵的财富。中粮集团的组织面对形势变化，能保持相对稳定，建立内在的核心动力和管理方法，这是不容易的，比建仓库困难得多。

组织健康是和我们的资产、营业额、产品、财务一样重要的事情。中粮集团的每一个人，从经理人到基层员工，都能受到健康文化的洗礼。找好自身定位，踏踏实实工作，细心做好每一份工作，和集团的整体文化要求一致，就能成为非常强大的内在动力。

每年的年会都能产生新东西，我们的组织隐藏着很多能量，这个能量是不断被发掘、培育出来的，每个人的潜力是可以被不断培养、发挥出来的。中粮集团的资产发展了，你自己发展了吗？中粮集团的财务状况改善了，你的思维方式和思想丰富程度改善了吗？

如果你在中粮集团工作了十几年，只是拿了工资、干了活，而思想没有大的提高，对社会的认识、组织的认识、自我价值观没有大的提升，那么这个组织就是失败的。

组织健康是企业健康中最重要的因素，如果没有组织健康、团队健康，没有信仰、专业和能力，就没有业务的发展。今天我们还有一些处于培育阶段的业务，但是我们有信心可以管理好，有很好的前景，因为我们有健康的组织。

中粮集团收购了尼德拉集团和来宝集团，它们在外国企业中是很大的公司，我们下一步面临的组织的、文化的、融合的、沟通的挑战很大。整合的过程同时包括中国内部的整合和国际整合，包括资产的整合和对文化理念、价值观、战略、组织的认同。

我们需要像管理资产一样管理组织，不断推动组织进步和发展，推动每个人的成长，用健康的组织去推动资产整合和文化融合，推动中粮的全面融合，完成中粮集团的国际化进程。

（2014年5月）

人类其他任何组织形式无非都是想帮助、促进企业任务的更好完成，这样才是一个人与自然和谐发展并使人类文明不断进步的社会。

西雅图

企业能对社会产生什么作用？这个问题在西雅图这座城市里表现得很明显。因为西雅图城市不大，没有多少山水风景、名胜古迹，甚至连港口、大学、地理位置也没有什么独特之处。可西雅图这几年人气很旺，新移民（又叫“新人才”——New Talents）不断增加，就业水平高，人均收入高，甚至连房价也接近加利福尼亚州或纽约。这个城市充满活力，从西雅图海鹰队取得了2014年美国超级碗的总冠军就可见一斑。这是为什么呢？和当地人一谈话，他们就不断提到西雅图的企业，谈到这些蒸蒸日上的企业对城市的带动。西雅图的很多企业比西雅图有名气，如波音公司、微软、亚马逊公司、Ebay、星巴克。小城市大企业，有时甚至小国家大企业。企业创造了城市，不仅带动了就业税收，而且还有文化。企业的能量和作用在西雅图很突出，可以说有了这些企业才有西雅图。

西雅图不仅大企业有名气，还有些小企业也秉承了或者说参与创造了在国际上很有影响力的西雅图的企业文化。西雅图有家卖鱼的鱼档，叫Pike Place Fish Stall，说它是鱼档，它真的就是鱼档，不是连锁店，不是高科技，不是世界500强，就是一家大约20平方米的鱼档。这家鱼档之所以名气很大，是因为它改变了呆板的卖冷冻鱼的方法，把卖鱼变成了一种娱乐和表演，在卖鱼摊档上进行团队合作，歌声笑声一片。这个鱼档后来变成了许多企业和商学院学习的案例，成了企业组织行为学、企业文化的典型教程。小生意里也有普遍的道理，这可能是西雅图企业基因里的东西。

一家当地的好企业通常是国际化的。从西雅图走向国际的企业往往是创新性很强的，我们甚至可以在无意中感受到这些创新，并被影响。企业的国际化和创新成就了这些企业，也造就了西雅图这座城市。

如果把世界全部看成是自然的，那么人也是自然的一部分。如果把世界仅仅分为两类，用人的角度看，世界上只有人和自然两部分。人类社会所有活动的目的无非是想在自然中通过生产劳动和创造，使自己生活得更好。而人们要实现这个目的的组织形式就是企业，企业要直接面对改造自然、适应自然并利用自然的任务。人类其他任何组织形式无非都是想帮助、促进企业任务的更好完成，这样才是一个人与自然和谐发展并使人类文明不断进步的社会。从西雅图的经验看，过去我们对企业在一个城市、一个社会中所能起到的作用可能认识不够。

（2014 年 10 月）

中粮包装是谁的？是中粮集团的。中粮集团是谁的？是国家的。中粮包装也是国家的，国家的中粮包装能走多远？一定会很远。

新环境，新起点，新征程

中粮包装十年的发展带给中粮集团的远远大过中粮集团带给中粮包装的。中粮包装这几年不单给集团从资产、盈利、市值方面带来好的业绩，也从实践、团队和管理方法上给集团带来了一种新的发展理念。中粮包装的成绩得到了大家比较高的评价和肯定。

在这些基础之上，中粮包装无论从环境、团队、战略、发展要求还是管理方法上都将进入一个新的阶段。这不是我们主动选择要进入的，而是从市场到管理，到整个企业本身发展都将中粮包装带入了一个新的发展阶段，如果我们不去积极创造和适应，一定会落后。

在新的发展阶段中，第一，中粮包装可能会成为一个更独立发展的企业。在中粮集团内部，逐步发展成为更具有团队驱动的行业性的公司。中粮集团作为股东，作为投资者的角色会增强，作为管理者的角色会逐步减弱，团队更多依靠自身和董事会进行管理。未来，中粮集团变成国有资本投资控股公司后，对其他业务也会逐步以投资控股的方法来管理，会从股东的角度而非运营的角度管理公司，更加关心投资、回报率、股票价格。

第二，中粮包装未来会更关注团队建设。团队的战斗力、一致性、团结进取精神、专业和统一的目标是所有工作的基础，团队本身会变成相对更有自我驱动的能力，把所有物质激励、企业目标和自身追求联系在一起，将一些矛盾结合在一起，才能真正塑造出一支团队。经历这两年，中粮包装的团队会更成熟，韧性更强，有更强的解决问题的能力。中粮包装未来作为一个更独立的公司，对投资、客户、质量、新产品、架构的管理难度都会增加，这对团队本身和经理人的素质都提出了很高的要求，要把公司的事、人，以及企业目标、战略、价值观统一起来。中粮包装之前的成功来自团队，下一步发展也要依赖于团队在自我建设中不断提升。希望大家自身更成熟，只有公司好，团队好，协同合作，事业才能发展。大家一起相互支持才能真正焕发出新的活力和战斗力，有更成熟的团队精神。

第三，集团不希望给大家带来压力，希望中粮包装能够在新的环境下制定新的规则，在新的规则和方法下做事。和十年前相比，我们的业务、资产、能力、基础好了很多。但从股票下跌这一点来看，说明我们还不是一个很成熟的公司，还不断被投资者质疑。我们要根据市场化的经营要求，在市场竞争的基础上，不断完善自身，提升业绩。下一步，中粮集团会通过引入新投资者，引入混合所有制，引入新的市场化机制，积极推动变革，一步步按照新方法来做，使公司更有市场竞争力，中粮包装在体制上也会进入一个新的阶段。在中国，技术含量不是很高的行业，大家看能赚钱就都去做，会出现产能过剩的问题。我们能够更有技术含量，更有市场地位，和客户联系更密切，更有竞争力，当别人在产能过剩的情况下，我们还能不错，这是非常难的事情。因为产品差异不大，一旦出现产能过剩就会带来问题，未来我们能不能做一个综合性的包装企业，把风险相对分割开来，这也是下一步的挑战。不管是从团队、激励方式、股权改革、员工参与及战略，中粮包装确实到了蓄势待发的时候，进入第二次创业的新阶段。

中粮包装是谁的？是中粮集团的。中粮集团是谁的？是国家的。

中粮包装也是国家的，国家的中粮包装能走多远？一定会很远。不管外部出现任何干扰和波动，大方向都不会变。中粮集团会坚定地、一如既往地支持中粮包装改革，给它更具市场化，更宽松，更有激励性的，更有发挥余地的，更能实现自我价值的环境。中粮包装的未来会更好。

（2014 年 12 月）

我们需要什么样的创新呢？就是根据现在新的战略规划方向来充分地发挥人力资源工作的作用，支持并促进新的战略和组织架构的形成与有效运行。

做好人力资源工作

人力资源是最重要的资产

我们所有的资产包括财务资产、实物资产等，但最重要的还是人力资源。人力资源工作的张力非常强，可能起到正面作用，也可能起到负面作用，同时可以十倍乃至百倍地发挥张力作用。中国中化集团有限公司（以下简称中化集团或中化）团队是一个好的团队，团队成员很聪明、智商很高，有多年的工作经验和巨大的激情。我认为中化集团的发展，第一核心资源就是人力资源，这是未来发展最重要的资产。

中化集团的人力资源工作，曾经在商贸类企业里面是比较有突破性和创新性的。管理体系很规范、很系统，形成了非常好的管理框架，保障了中化集团长期以来的稳定发展。我们在充分认识人力资源工作过去成绩的同时，也要看到问题所在。在过去的两三年中，中化集团人力资源工作创新改革的步伐慢了，很多原来跟中化集团类似的企业，通过改革使人力资源工作对业务的促进更强了，也更加创新。我们需要什么样的创新呢？就是根据现在新的战略规划方向来充分地发挥人力资源工作的作用，支持并促进新的战略和组织架构的形成与有效运行。

必须做到心中有“人”

我们面临的挑战很多，而真正的挑战来自我们是不是有一支真正有能力完成任务的团队。我们要开放式、容错式地广纳人才。不能短短一两年就说这个人没什么贡献，太贵了，不要了。一旦我们将石油化工、精细化工的技术创新提上日程，我们就会发现，真正的差距在人力上。我们必须找到真正在行业里有专业、有经验，可以推动公司进步的人，从高层、中层、基层都需要，共同推动中化集团下一步的改革。人力资源工作识人、用人、评价人、预测人是很难的事，这一点我的感受非常深刻。选准人是第一位的，用不好了换人这是第一个想法，因为换人是最简单的办法。但是我们在竞争的环境下生存，如果不停地选人、换人，闹个四五年、喘一口气的时候，发现竞争对手已经走了十万八千里，所以选准人太重要了。我希望大家心目中真的有“人”——我这个部门、这个公司，什么人是真的应该被使用、被提拔的，对其特点、潜力都要很清楚。

要建立创新的激励机制

现在的业务是好还是不好？干好了有没有奖励？今年没有奖励，明年就不干了？企业最终要建立一种有投入、有回报的文化，这是对的，但问题是这种回报并不一定是眼前的。激励方式有很多种，长期的、短期的，就看怎么去做。人力资源工作不能变成填表、发工资、执行政策，应该更多地选人、用人、育人、激励人。中化集团的人才资源很丰富，一定要把他们用好，靠的就是激励机制。

要做到创新激励这一点，要求我们要更加有创造性地去做，更有服务大家的意识，更有激励大家的意识，使整个团队受到鼓舞。我来中化集团之后听到最多的一句话是工资总额，但是我在中粮集团工作 11 年，没人说工资总额，为什么呢？有几种可能性，一是中粮集团的工资总额沟通得比较好，有总额但不构成很大限制；另一个就是有更加丰富的、多种形式的长短期激励方法。

中粮集团的经理人年会发了两个奖项，一个叫“百战奖”，一个叫“再读奖”。这个名字是取自曾国藩给他弟弟曾国荃写的对联——“千秋邈矣独留我，百战归来再读书”。盈利上去了，就发“百战奖”；一个团队不错，业务也不错，就是没挣钱，就发“再读奖”，再读书。忠良书院有个“再读亭”也是同样的意义。举这个例子的意思就是，人力资源工作一定要把大家的积极性调动起来——干好了一定有奖励，努力了也有奖励，但是不努力、没干好、没潜力一定会换人。

公正是做好人力资源工作的第一原则

企业文化不是简单的一句话，是由一把手文化到整个公司价值观、行为方式组合而成的。是不是公正？是不是透明？是不是友善？是不是吸引人？公正是第一位的。在人力资源工作中，任何人被奖励、提拔、调动、使用，都要有正面、积极的内涵。如果大家不信服，就把公司文化摧毁了。这样公司不是没有文化，而是有负面文化。我们不做负激励，争取做正激励。几年前在中粮集团的时候，公司提拔了几位同志，有个年轻人跟我讲，“通过提拔这几个人我们就知道该怎么干了，因为这几个人是公司推崇的人”。我们要通过人力资源工作，在企业内部营造一种正面的、积极的、向上的氛围和导向。

人力资源工作队伍应该是一支有力量、有激情的队伍

人力资源工作是所有工作里面最有潜力和张力的工作，它不在资产负债表里，却是最有无形张力的，能够把不可能变成可能，把错误的战略变成正确的战术，把竞争对手的优势变成我们的优势，使企业健康发展。什么是管理？我认为管理就是管人。做人力资源

工作的人，最终目标是组织发展——Organizational Development。要做到这一点，就要求我们不能简单地把人力资源工作做成办手续——入职、离职、升职、发工资。这些是程序性、手续性的工作，而不是组织发展性的工作。

人力资源工作者不一定是最终做出决策的人，但是可以提出建议、提出解决办法。人力资源工作队伍应该是一支有力量、有激情的队伍，希望中化集团人力资源工作不断发展，同时也推动整个中化集团的发展。

（2016年5月）

从公司来讲，一般发展两类东西，一是资产和业务，二是人。

每个人心中都要有一条河

企业一定要做正确的事情

我经常讲一句话——“做正确的事情”，为什么呢？中国人很聪明，总想走捷径，因此信的、说的、做的事情差别总是比较大。例如，中化集团的青年班，组织青年班正确不正确？一定是正确的事情，没有人说这事不应该做，但很多人不会做，为什么？因为这件事见效太慢。再如研发，需不需要做？肯定需要，但也不做，为什么？因为做了不一定成功。

正确的事我们必须做，同时必须承担这样的责任，不能只顾当前而导致未来问题更大。因此，做正确的事情虽然很简单，但是我们仍会遇到非常多的挑战。

要把培训变成工作的一部分

青年班项目我觉得是一个很好的人才培养项目。中化集团是一所“大学”，唯一和大学不同的是我们有真正的试验场。大家总是把培训变成一种学习，实际上今天讲“Training（训练）”这个词比较少了，讲组织发展（Organization Development）和领导力发展（Leadership Development）比较多。我们必须把思维、思考、讨论、研究和工作连在一起，把培训变成工作的一部分。我们工作中大部分新的主意、新的方法、组织的发展、人员之间的磨合都可以通过培训来实现，它有一定的科学性在里面。

实际上培训就是激发大家的思想，帮助每个人用科学的方法思考问题、收集数据讨论问题、形成共识做好决策的过程。我们是有知识基础的，但还需要用好的方法整合、组织起来，让每个人都有很强的学习分析能力、面对问题和解决问题的能力，这对我们来讲是非常重要的。

只发展资产不发展人的企业不会取得成功

从公司来讲，一般发展两类东西，一是资产和业务，二是人。目前很多企业基本上是见物不见人，着重于一般的短期业绩。很少有人重视组织发展、团队成员提高。通用电气产生过大约 50 个全球 500 强企业的 CEO，这不是偶然。我在阅读杰克·韦尔奇的著作时发现，他在选择接班人时，选了好多年后确定了三位候选人，提前半年通知他们等待结果宣布。让我更感到吃惊的是，另外两家世界 500 强企业 Home Depot、3M 马上宣布，无论通用电气选择了谁，另外两名候选人都可以到他们公司担任 CEO。这就看出组织发展到了一定水平后，只要是这个组织出来的人市场就会接受他。

我为什么举这个例子？组织如果只发展资产不发展人，那是不成功的。而实际上对我们来讲，每一位员工身心、能力、德行、智力的全面、自由发展是我们公司真正的任务。从这方面来讲，青年班这个培养项目我觉得非常好，大家回到所在公司应该更加重视发展领导力、发展组织的工作，这其中蕴藏的力量可能不是短期能够发挥出来的，但它一定会对公司有长远的影响，最终它一定会产生有竞争力、有创造力、有激情的企业文化。

每个人心中都要有一条河

我记得中粮集团有一年应届生入职，那年因为金融危机，工作比较难找。我去参加新员工培训，他们表示很感谢中粮集团能够提供工作机会。当时我跟他们讲，如果你们到这里认为找到了一个谋生的手段，那就把自己看低了。我记得《白鹿原》的作者陈忠实接受一次采访时，记者问他，“您从农村成长起来，为什么村里那么多青年都没写小说，您写小说还成为作家了呢？”他说：“我们村里上百个青年，每天一起劳动，可是我与其他人不一样，是因为我家里有一本书——《静静的顿河》。因为我心里有一条河，他们心里没有。这本书启迪了我，让我知道世界上除了种田，还可以去探索其他东西。”他开阔的精神使自己对世界的认识不一样了。我们的员工，无论到哪里工作，都要有这种境界、这种思想，都要像陈忠实说的“心中有一条河”，这样你就是一位很成功、很有境界、很高尚的人了。培训和组织发展工作要起到这样的作用，要让大家有更高的职业追求，即便离职也要去更好的地方。

真正的行动学习必须能提供解决方案

目前的培训主要包括以下几种类型。第一类是价值观层面的培训，包括职业操守、行为方式等。价值观很重要，企业文化也不是有意塑造的，它是自然形成的结果。一个组织的文化不是某一个人的文化，要在培训中不断灌输、渗透，帮助大家形成符合企业文化的行为方式。第二类是领导力的培训，但这类培训目前存在两个问题：一是通过领导力培训，大家都认为自己是领导，要领导别人；二是培训中过于注重讲团队，使大家变得和和气气，个性和独立见解减少了。我相信领导力是在团队文化中互相激发出来的，是自身不断感悟和学习的过程。对我们来讲，要通过培训使大家按照共同的信仰，在我们的组织形式中达到最有效率的目标，这是最终目的。

第三类培训目前做的比较少，就是专业能力的培训，是真正可在工作中使用、能提升员工专业能力的培训。人是有知识系统的，需要逐步积累、不断完善，这类课程会起到这样的作用。

我们不能把培训当成虚的东西，只是学一下、讲一讲，和工作不联系，那样不是企业的做法，企业的行动学习应该和工作有直接联系。当你分析任何一个自己公司的问题时，最终方案都应该是可以实施的。

真正的行动学习都应该是能提供解决方案的，大家要成为Solution Provider（方案提供者）。如果有些方案真正合适，那就真的可以继续做下去，而且可以用激励手段予以支持。不少企业做行动学习，找问题时每个人都积极参与；到了找原因时，参与的人就少了一些；再到找解决方案时，参与的人就更少了；最后形成方案，愿意去执行的屈指可数；特别是当方案对个人利益有影响还能坚持去做的，基本上就剩一两个了。而这一两个人，往往被证明就是真正的领导者。

（2016年8月）

我们做所有的事情都要服务于市场，这是我们企业发展的根本。

坚持国企属性前提下无限接近市场化

“激励机制”在国企里似乎是一个不好解决、总是有抱怨的核心问题，也是国企竞争力、企业管理、人才、创新等所有问题的焦点。反过来讲，在外企、民企里有没有类似问题呢？也有，但是不太说这个问题，因为觉得有市场，也有标准。

同样的环境下，也可以有不同的做法。可以把国企列出来看看，盈利好的、盈利差的，回报率低的、回报率高的，发展快的、发展慢的，这里面一定有内在的管理逻辑的不同，其中的核心也包括激励机制的不同。激励机制可以有很大的创造性空间，这个空间对现在的中化集团是非常有必要的，能让我们在大环境所允许的情况下，把激励机制的科学性再提高到一个新的水平上。

人力资源制度的改革，以及改革能不能为公司薪酬福利、人力资源管理基本制度带来提升和进步，我讲六条意见。

第一是改革的背景。今天国企体制改革到了比较关键的时候，大的社会环境到了推动、呼唤、要求国企改革的阶段。国企改革包含各种各样的改革，2016 年开始发了“1+N”文件，有国企管理体制改革、国企内部管理方式改革，也包括加强党的领导、加强企业遵纪守法的管理等，把国企的改革放到了更系统性的要求之下，要求它进入新的深水区。虽然改革本身给的空间是很大的，但是创造性靠自己，没有很具体的或者是很详细、可执行的政策，基本是看企业自身怎么来做。

目前对国企改革，从理论上、从政策上、从不同的国企兄弟公司的实践上，都出现了新的变化。虽然中化集团原有基础是不错的，过去的评价、考核、薪酬福利机制都是很好的，但是现在慢慢落后一点，因为别人走得太快。今天中化集团想变成什么样的公司？是受人尊敬的公司，非常伟大的公司。如果中化集团要变成一个好的公司，一个更有竞争力的公司，一个能够达到战略目标和战略布局的公司，自身的管理里最重要的一步，就是对员工的评价、考核、薪酬、福利，员工在公司中所得到的不管是物质的、精神的，还是专业的、名誉的回报，能使员工真正地被激励起来、被调动起来而全身心地投入，把不适合的人淘汰掉、把好的人吸引进来，把公司变成一个能动性和自我发展动力很强的公司。这是大的改革背景。

第二是市场的要求。国企内部的管理体制、薪酬福利体制、激励体制究竟和市场差多少，市场是什么要求？这里没有别的标准，只有市场这一个标准，所以我们必须把市场情况搞清楚，把行业搞清楚。中化集团是国企，我们必须要清晰地告诉员工我们是怎么定位公司的，要清楚我们在什么定位上来改革，这是我们的原则。

另一个原则是，我们必须无限地向市场靠近。因为中化集团是国企，不可能做到百分之百市场化，但是从内心的动力来讲，可以无限地向市场去靠近，朝这个目标去努力。激励机制是一个系统的复合型的东西，不是单一的东西。今天市场就这么要求，我们要满足市场的要求，如果人不能符合市场，企业就不符合市场，而且市场的要求也是不断提升的。这就要求我们整个系统的机制必须向市场靠拢，市场是唯一的标准，而市场本身也不需要去辩论。如果说我们在内部管理上达到市场的要求，加上战略管理的提升，我们就会变成市场化的企业。当然，整个市场化的系统是和公司的管理文化联系在一起的，仅仅靠市场化薪酬福利机制的建设还是不够的。

我觉得不管是公司市场化的业务也好，还是管理上的市场化改革也好，我们都应该真正向市场化目标迈进。我们需要真的数据，搞清楚市场化的标准。人力资源部门要清楚地知道市场化到底是什么。我觉得中化集团应该比一般的市场化程度要高一点，这是我一直的想法，但这是指整体市场化的水平，而不是某个市场化公司的个别标准。

第三是行业的特点。作为多元化企业，每个行业都有每个行业的重要性和发展要求。在同一个公司里，同样是能源事业部，做炼厂和做贸易的不一样，交易原则也不一样。不一样就要有市场化的要求。总想弄到一块，这不是市场化，也不是专业化，更不是人力资源差别化管理的基本要求。要真正做到符合行业特点，更个性化、细致化。人力资源工作也要更深入，从高层团队深入每个人，从大的分类深入不同的层级、不同的行业，分类到几个系统，而不是几个数笼统地应用到不同行业。

第四是创新的思维。我们把创新作为中化集团的一种思维方式、工作方法，人力资源工作更是这样。体制机制创新是追求技术、产品、商业模式创新的基础，没有真正的体制机制创新，就没有真正的产品、技术和商业模式创新。

财富是分配出来的，分配合理了，财富就出来了，分配不合理就出不来。这个度一定要把握好：一是要有增量，二是国家企业要拿大头、个人拿小头。要把握这个原则，必须要有增量，价值创造出来了，国家和公司才是最大的受益者，团队本身也就得益了。特别对创造型和创业型的团队，我们要在体制上进行改进，从创业开始。人力资源要主动做这个事，人就是激励出来的，不是管出来的，好孩子都是表扬出来的。我们必须要营造正能量的环境，大家有目标、有成就、有团队、有激情，而不是说这个不行、那个不行。

第五是人力资源部的定位。首先是公正的，具有公信力的；其次是服务型的；最后是市场化的。人力资源部门是服务整个大目标的，你必须懂市场、懂服务、懂人，这样才能服务好大的环境系统。

人力资源部要在从选人、用人、评价、考核、激励到培训的整个系统中，真正去支持、维护、服务一线经营的同事，让他们能够全身心地在很正向的环境下工作。看待经营人员的角度要转过来，他们不是我们的监管对象，他们是我们的服务对象。从党组开始，集团所有的资源配置完全是为了市场，为了市场的竞争，为了企业的发展。奥美广告公司老板写了一本书，封面上写了一句话“没有销售我们什么都不是”。作为企业，我们在市场上没有销售，就是没有把市场做好，没有服务好客户。市场没有地位，一切都等于零，你只有把东西卖出去了才是真正的销售。所以我们做所有的事情都要服务于市场，这是我们企业发展的根本。最终的检验标准是市场。中化集团为什么能在社会上存在？因为我们服务于社会的某些群体，社会上的群体构成市场，市场接触我们越多，中化集团就越强大。

第六是科学的体系。今天我们要达到这样一个目标，形成一个从大系统到中系统到不同行业、不同层级、不同阶段、不同性质公司的体系。根据我们现在的特点，一个创新性的薪酬福利体系，可能形成一个或几个不同发展阶段的激励模型。当然不是全都解决了，但是可以解决一大部分问题。别人讲我们去听，我们去学习，反过来我们中化集团形成科学体系，这个系统是完整的、可以循环的。我们要把现在的体系反思后重新优化，建立新的体系。这里包括了所谓的工资也好、奖励也好、长线也好、短线也好、不同层级也好、不同发展阶段也好，形成一个中化集团的激励发展的模式，引导大家往战略、往企业的发展去思考。评价系统推崇什么，大家就往什么方向走，之后有一个奖励的承认。把中化集团薪酬福利激励体系进一步提升，也由此引领推动中化集团的市场化改革、团队建设、企业文化建设、发展创新的不断进步。

（2017 年 6 月）

今天我们做的每一项工作，都是对整体的团队建设，对年轻人思想的建设，对中化集团整体奋发向上、创新有为而且有诗和远方的这种思维的一种脚踏实地的落实。

辩论赛

年轻很好，刚才这个辩论我感受到了青春的气息、年轻的活力、思想的新鲜，我很受感染。辩论活动我也参加过几次。这次的主题是科学至上，我来之前实际上不知道题目是什么，但我一进门看到科学至上，我心想这个题目我是清楚的，但是进门时感觉清楚，听完了以后感觉糊涂了！本来辩论是“理越辩越明”的，但看起来有时候不是，外国人有句话说“ for the sake of argument”，为了辩而辩就不一定明了。

辩论的正反双方的观点其实是没有对错的，辩论是有赛制的，有人获奖了，有人没获奖，但获奖也不代表对，没获奖也不代表错，我不想因为辩论而形成一个确切的答案。

我主要谈几点体会。

第一，我觉得是一个哲学方法问题，就是具体问题具体分析的这个方法。我觉得具体情况具体分析，无论是前面讲的多元化、专业化也好，还是自主研发、外部引进也好，迭代升级、跨界延伸也好，都是具体情况具体分析的问题。如果失去了具体情况是没有答案的，一定是混淆的，在这个情况下，去找出一个答案，那么就有问题了。

我觉得对我们公司也是一样的，集团本身也好，每个事业部也好，每个业务也好，都有其自身的情况，到底是应该迭代升级还是跨界延伸，到底应该是自主创新还是外部引进，到底是多元化还是专业化发展，都需要具体问题具体分析这样一个过程。

第二，我觉得刚刚的辩论大部分讲的是一个度的问题，是争论在度上，而不在于本质的争论。比如说关于概念的争论，什么叫跨界？什么叫迭代？他们最后也没搞清楚，因为把迭代无限度的扩大，就变成了跨界，把跨界稍微缩小点就变成了迭代。

这里面涉及一个关于专业化与多元化的问题，这个问题困扰了中国企业 30 年的时间，每个中国企业都在多元化和专业化里面遇到过困扰，中化集团也是一样。其实这个问题也是概念问题，也是度的问题，过了一个度就会发生质变。就集团本身做投资来讲，多元化是个投资概念，专业化是个经营概念，把它搞混了，就变得复杂了。多元化的投资不一定不好。刚刚大家举了很多例子，比如柯达、富士、通用电气这些例子，在我的理解看来，当经济高速发展，呈现了很多机会的时候，企业就容易多元化。

一直到 20 世纪 60 年代，美国和欧洲的发达国家也是推崇多元化的，称为多角化经营“不把鸡蛋放在一个篮子里”。到了 20 世纪 80 年代初期，企业的专业化程度就比较高了，这是因为每个行业竞争越来越激烈了，做的行业太多反而都不容易做好了，因此就转向了专业化。近 10 年来专业化公司数量增多。如果一个多元化企业要上市，基本上很难做路演，因为业务太多造成电脑模型无法测算。比如中化集团有五大业务，没有任何一个基金经理的电脑模型可以测算清楚。因为基金经理就是分配资产的，就是一个组合经理，是组合的管理者，你已经组合完了就没办法搞了。因此很长一段时间，企业被迫去做专业化。如果没有通用电气、没有香港的怡和这些公司，几乎就没有多元化企业了。

最近这三五年多元化企业又出来了，就是所谓的多元化创新平台和独角兽的组合。今天我们看到创新最快的企业，特别是互联网企业，像谷歌、阿里巴巴、腾讯几乎是无限多元化的企业。我认为当年说的多元化企业存的一些问题被解决了。

首先解决了多元化的管理问题，当时管不了的问题，现在在一个平台之下，用互联网数字技术，使多元化企业被有效地管理了，这是很大的一个突破。华润当时的6S也是期望去管一个多元化的企业，做体系、编码和系统来管理多元化企业，但是绝对没有数字化这么有效。

其次是生态圈，生态圈就是协同。没有协同，就没有多元化，从最简单的财务系统到最后的文化系统，如果建立起完整的生态圈就很厉害了。现在每个人都在讲生态圈，形成了非常强大的协同平台，这里包括了市场的、技术的、品牌的等大量的协同。

那么多元化的度在哪呢？刚才大家提到了通用电气，其实通用电气最近的一年是很困难的，有很多的分析报告称通用电气可能要分拆了，会分拆成几家不同的公司，有做飞机发动机的，有做医疗仪器的，有做环保的。

有些评论称杰克·韦尔奇终于错了，20多年前，大家就争论杰克·韦尔奇的多元化企业的理念到底对不对？当年杰克·韦尔奇来中国的时候，我们在国贸饭店进行了长时间对话，我请教了他多元化问题，他认为多元化是有专业化溢价的，做不好就有可能被淘汰。如今已经过了20多年了，有人开始说杰克·韦尔奇终于错了，我就比较紧张。我离开华润20年了，如果华润搞得不好，有人说宁高宁终于错了，我是不认的。世界在发展，你不创新，你不改变，你不创造，到现在你说终于错了，这肯定不行。

多元化、专业化的问题本身就是一个很纠结的问题。但我认为在每一个经营层面上一定是专业化的，投资上是可以多元化的，但一定要有好的生态系统来协同管理。新的互联网技术，让美团这样的企业有了生态圈的商业模式，这种模式的转变是外人看不到的。专业化经营本身想要在市场竞争上有效率、有力量，直面竞争也是对的。因为竞争本身是专业化竞争，比如我们投资了地产和金融，我们地产的核心竞争者是不在意你的金融业务，房子不好卖，跟你金融业务有什么关系呢？

第三，就是不唯上、不唯书、只唯实。刚才在辩论过程中有人提到"宁总说……""张总说……"，如果这时候有人敢讲出来"我认为宁总说的不对"，那么这个辩论就升级了。但没有人这么说，就说明我们的公司还是需要提升的。我们说的很多，但不一定都是对的。如果今天他们一直念文件，那就不是专业了。特别是哪个字眼、哪个文献资源，可能我写错了，也可能是哪个秘书抄错了，那都不一定，它不是圣旨，它只是个笼统的思想，行不行还需要大家来讨论。如果大家感觉这个方法对，就一起去落实，慢慢去解决这些问题。这样的话我们公司就升级了，我们这个组织就会变成创新的组织，我们的团队就会变成有活力的团队。

第四，就是外部环境。刚才大家都在静态地看问题，好像把问题说得比较多。一代人就要做一代人的事，我们说中国走进了新时代，那么什么叫新时代呢？它有一个很丰富的内涵，新时代的含义不是历史学的含义，不是之前说的封建时代、资本主义时代、社会主义时代，不是这样定义的。新时代其实就是每一代人干每一代人的事情。环境一直都在变化。从我们自身来讲，中化集团过去经历的不一定都是对的，现在 5 个板块也不都一定是对的，那未来我们也有可能会被别人这么评价。我们现在面临变化是天翻地覆的变化。

前段时间我参加了中国绿公司年会，听说了个新词"云物移大智"："云"是云计算，"物"是物联网，"移"是移动终端通信，"大"是大数据，"智"是人工智能。这说明环境变了，这个环境的变化不以我们的意志为转移，这是一个生存性的选择，这对我们来说非常关键。一个时代做一个时代的事，对年轻人来说是一个年龄段做一个年龄段的事。我一直强调中化集团的新战略——科学至上，这是团队的选择，特别是年轻团队的选择。它是我们的整个公司的信仰和文化，这就是我们应该走的一条路。

这是一个五光十色、变幻万千、充满机会、充满创意的年代。国际上来讲这个年代是科学技术带来的，在中国来讲是新时代带来的。这对年轻人来讲是一个非常重大的机会，这不应该是我们被动的选择，而是跟上时代的选择。

第五，任何一个企业都是均衡性的，它是一个全面的标准。对辩论而言是可以偏向不同观点的，但对企业而言是由多要素构成的。它的发展阶段也好，发展方式也好，发展所需要的很多要素也好，强调人当然重要，强调技术也重要，强调品牌依然重要，企业是由不断增加的基本要素来组成的。

辩论最可贵的是大家真正地去开放思维，真正地去吸收不同意见。同时因为这种讨论和辩论，使每个人更丰富了。辩论结束并不意味着变成大知识分子，开完会也不意味着变得完全不一样。但是社会这个组织就这么来的，它就是潜移默化，润物细无声，逐步发酵，逐步启发，逐步成长的。没有人说今天讲科学至上，明天就能得“诺贝尔奖”，但是我们会发现这是一个过程，是一个平稳起步、积累和爆发的过程。所以，今天我们做的每一项工作，包括年轻人的工作，都是对整体的团队建设，对年轻人思想的建设，对中化集团整体奋发向上、创新有为而且有诗和远方的这种思维的一种脚踏实地的落实。这个是更重要的。

（2018 年 5 月）

企业创新发展需要打造科学的"动力系统"，来充分发挥人才作为创新第一资源的引领和支撑作用，以科学合理的"外部刺激"，最大限度满足员工的"内在需求"，最大可能激发员工的"动机"，从而产生工作的"动力"，推动企业的创新发展。

科学的"动力系统"

未来已来，任重而道远。"创新"作为引领发展的第一动力，已逐渐成为中国建设现代化经济体系的战略支撑和参与激烈国际竞争的主要武器。中化集团作为一家肩负光荣使命与历史责任的国有企业，贯彻"科学至上"，推进创新转型，可谓恰逢其时，理应大有所为。

创新之道，唯在得人。根据心理学的观点，人的行为通常都是由某种动机引起的，而形成动机的条件不外乎两个方面：一是内在的需求，二是外部的刺激。两者之间，相辅相成，相伴相生。而企业要充分发挥人才作为创新第一资源的引领和支撑作用，就需要以科学合理的"外部刺激"，最大限度满足员工的"内在需求"，最大可能激发员工的"动机"，进而产生工作的"动力"。因而，企业创新发展需要打造科学的"动力系统"。以系统支撑发展，方能力引而不竭。

按照满足内在需求的不同和创新能力的高低，可以将企业创新的动力系统归纳为四个具有递进关系的类型，包括原始动力系统、立体动力系统、职业动力系统和信仰动力系统。

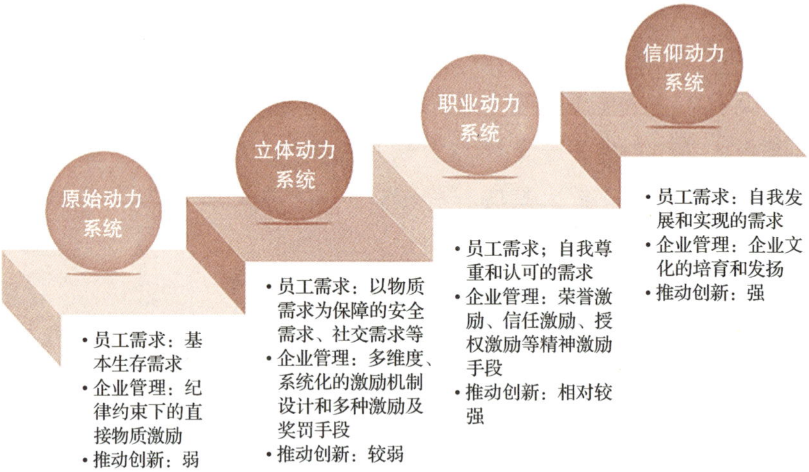

原始动力系统

从员工需求（即内在需求）角度来讲，原始动力系统主要是为了满足人们最基本的生存需求，按照中国人的说法就是“养家糊口”。从企业管理（即外部刺激）角度来说，主要是严格纪律约束下简单直接的物质激励，如计件取酬。从推动创新能力角度来看，原始动力系统是最弱的。这是人类最早产生的动力系统，存在乃至占主导地位的时间也最长。

20世纪80年代，在广东等沿海省市存在着数以万计的制衣制鞋工厂，几乎都是采取这种原始的动力系统。几百万名来自全国各地的产业工人们经过简单的技能培训后，在近乎严苛的考勤管理下，按照标准化流程从事高强度快节奏的工作，以件计酬，按量付费，多劳多得，少做少拿。在这种动力系统下，员工更像是流水线上的“零件”，有如卓别林在《摩登时代》里的角色，需要更多的“动手”而不是“动脑”，更强调“纪律性”而不是“创造性”，所以这种动力系统对企业创新的支持力度非常弱。

时至今日，原始动力系统仍然存在于某些企业组织里，这也说明其仍然在某些领域和某些环节存在积极的价值。但无论从历史还是从现实来看，单一或主要依靠原始动力系统的企业都很少能在创新方面有所作为。

立体动力系统

从员工需求角度来讲，立体动力系统的涵盖范围更广，从最基本的生存需求延伸到安全需求、社交需求乃至部分更高层次的方面，但仍然是以物质层面的满足为主。从企业管理角度来说，企业需要采用包括多维度、系统化的激励机制设计和多种激励及奖惩手段来满足该系统中员工的需要，但主要实现形式仍以物质激励手段为主。从推动创新能力角度来看，立体动力系统仍然较弱。

立体动力系统是时至今日仍然被许多人高度认可的动力系统，是被认为符合现代“经济人”特征的企业管理和激励体系，甚至有部分人认为这就是当下最好的动力系统。它扬弃了原始简单的计件管理，引入了目标、业绩、评价、奖励等管理手段，注重对长期利益和短期收益的综合考量，复杂程度更高、涉及维度更广、体系化和专业性更强。这个系统对员工的工作积极性的提高和工作业绩的提升，甚至对企业行业竞争力的增强都有一定程度的好处，但是对推动创新的作用却不是非常明显。因为这种动力系统，仍然是以满足员工的经济需求为主要目标，以物质激励为主要手段，极有可能面临“边际效应递减”的问题和形成“依赖成瘾”的现象。员工依然会较为重视中短期可预期的物质回报，很少愿意为了较长周期和较大风险的企业创新工作投入时间、精力和资源。

中化集团传统上是一个进出口贸易公司，在企业盈利方面长期习惯“短平快”，所以即便到了今天，当我们的管理体系已经非常完备的时候，我们的评价机制、考核导向和激励手段都难免会受到这种血液和文化的影响，也因此在一定程度上妨碍我们面向未来思考企业的全面创新转型。

试问今天的我们，是否能够为了追求创新忍受业绩大幅下降？是否还在用当下的盈利评价现在的工作？是否依旧以“工厂思维”

强调技术的使用而忽视再生能力的培育？认真思考之后，会发现我们成为一家创新型企业的路依然很长。因此，要想在创新方面取得长远的进步，我们要清醒认识到自身存在的不足，围绕企业创新发展的需要，从根本上改变我们的组织，革新我们的文化，建立更加科学的动力系统。

职业动力系统

从员工需求角度来讲，职业动力系统主要是为了满足人们作为一名企业成员的自我尊重和认可的需求。从企业管理角度来说，主要以荣誉激励、信任激励、授权激励等精神激励手段为主。从推动创新能力角度来看，职业动力系统相对较强。

职业性，或也可称为职业精神，它与人们的职业活动紧密联系，通常是指从事这种职业应该具有的精神、能力和自觉，一般包括职业理想、职业态度、职业责任、职业技能、职业纪律、职业良心、职业信誉、职业作风等多个方面。当然，职业性不是不讲物质回报，而是在此基础上有了更高的追求。根据我的观察，当企业员工收入达到一定程度后，对当下收入的在意和计较程度就会明显下降，这个时候更多体现出来的是员工的职业性，员工更多关注的是对自我的挑战、自我的探索、自我的专业的追求。拥有许多具有很强职业性员工的企业，组织会变得非常稳定，文化变得更醇厚、更友善，更有韧性，更有可依赖感。在这种组织里，追求创新具备了更多的可能性，会得到更多的包容和鼓励。但由于这种职业性随之而来的稳定性、规范性和自觉性，对创新的激发和推动作用在某种程度上会受到限制。从企业本身来讲，当企业发展到了某一个阶段，这种动力系统就会随之产生。

中化集团作为一家历史悠久的国有企业，拥有的宝贵财富之一就是拥有一支具有很强职业性的人才队伍。这支队伍在中化集团的过去和现在都发挥了重要的作用，但对全面创新转型的支持力度仍然是不够的。

信仰动力系统

从员工需求角度来讲，信仰动力系统主要是为了满足人们自我发展和实现的需求。从企业管理角度来说，主要是要形成一种与之相适应的企业文化的培育和发扬。从推动创新能力角度来看，它是四个动力系统中相对来说最强的。

信仰通常表现为一种强烈的信念，乃至一种对某个事物的固执信任。在企业里也可以理解为一种情怀、格局、价值观，愿意用较长时间的投入去实现一个更大的追求，让自己的人生经历更丰富多彩、更有意义。信仰作为人类社会最伟大的一种力量，它所展现出来的能量常常创造奇迹。回顾我们中国历史，长征精神、大庆精神、“两弹一星”精神无不闪耀着信仰力量的光芒。放眼海外，苹果公司的乔布斯、太空探索技术公司的马斯克都是对科技有着近乎偏执的信念。

因此，我们在2018年年初，首先在集团管理团队达成了五个坚持的共识：坚持“科学至上”的公司核心价值观，全面改造公司的文化与基因；坚持“全面转型为科学技术驱动的创新平台公司”，是中化集团顺应大势的必然选择，体现全体中化人的责任担当；坚持“科学技术驱动”，实现“行业领先、受人尊敬”的伟大愿景；坚持“全面转型”，推动创新升级工作全面落地；坚持以“创新平台公司”汇聚内外力量，实现公司愿景、履行企业使命、打造坚实的组织基础。

基于这五个坚持，我们制定了企业未来三年的发展规划和目标。例如，把公司的口号改为“科学至上（In Science We Trust）”；成立以总裁为首的科学技术委员会，陆续聘请有真知的科学家（可以是跨学科）加入，并聘请首席科学家和首席技术官。同时，我们将形成创新平台式集团管理架构，改革投资决策机制，更多授权业务集团。未来，新投资首先要经过技术创新评价。企业的评价方式分开原有业务和新创建的业务。新业务在评价中所占权重逐步增加。此外，我们将成立新中化创新集团，专责集团层面的创新业务。我们还将要成立中化集团创新基金，以合作形式低成本资金来支持业务集团开创新业务。我们计划在未来三年，投资约1000亿元到新技术、新产品的战略性创新行业。我们还将计划在未来三年，增加各层级专业科学技术人员约1000名，在全集团形成爱科学、懂科学、应用科学的文化氛围。同时，我们会制定创新失败业务的评价标准、处理方法和包容的人员安排政策，并设立集团重大科技创新奖，调整所有妨碍创新发展的规定和机构等。

总之，中化集团的愿景、使命、价值观，以及基于此制定的战略、规划和目标，要让越来越多的员工建立起对“科学至上”的信仰。

综上所述，打造一个良好的企业创新转型动力系统，需要上述四个“系统”协同发力。如果参照马斯洛的需求层次理论，可以看到这四个动力系统基于满足内在需求的不同，形成了一个由低到高的递进关系，对创新的推动力也在逐步增强。前面的动力系统构成了后面的动力系统发展升级的基础。但人的内在需求是多种多样的，多数人的需求结构是很复杂的，在每一时刻都会同时有许多需求在发挥着影响，而不会是单一的需求支配着人们的行动。所以，以上任何一个单一的系统，都不足以支撑中化集团的全面创新转型。只有四个动力系统全部建立起来，并协同发挥作用，才能使得中化集团在落实“科学至上”的大道上稳步向前。

不忘初心，方得始终。我们贯彻落实“科学至上”，推进全方位的体制机制改革，最终是为了在这个伟大的新时代，给每个中化人提供自我发展的机会，让每个人在自己的能力基础之上能够达到人生的最高处，让每个人的生命能量得到最大程度的释放。这是中化集团的奋斗目标，值得我们每个人为此而不懈努力。

（2018年6月）

人生倒过来看是很有价值的，会让你变得洒脱、豁达，让你对生命重新理解，产生智慧。

早规划、莫辜负、不后悔

今年，中化系统招收了一千多名应届生，你们是中化的新能量、新动力、新希望，是未来中化大发展的核心力量。

我在公司里一直强调，公司发展了、盈利提高了，而员工没有发展，这是绝对不行的。要让员工精神丰富、收入增加、能力提升、社会地位提高，这才是好公司。今天你们选择了中化，中化也一定不辜负大家，要让每个人未来有好的发展，少年强则中国强，在中化也是这个道理。当然，有些人比较懒，想吃大锅饭，那也不行，中化要提供一个能让年轻人，特别是求上进、有能力、要进步的优秀年轻人脱颖而出的环境和平台，否则中化就没有希望。

你们必须懂得自知、自省、自律、自我激励、自我成长，真正能够脱颖而出、对企业有贡献、有成绩的员工，对自己都会有超强的预期，如果你只做到刚刚及格就满意了，那肯定远远不够，只达到基本要求是不行的，要做到超出预期。

多年前，我参加了一次新员工培训的结业仪式，某些新员工对加入央企表达了这样一种观点：能进入央企工作，他们感到非常满意。我当时是这样说的，你们来到这里，不应该只是为了养家糊口，当然，企业会待你不错，养家糊口、买房结婚也都是应该的，但你们必须要有一个更强、更远的目标。如果纯粹是为了养家糊口，最后可能养不了家也糊不了口，因为公司的整体发展和来自他人的竞争会导致你落后乃至失败。如果不做一定的牺牲，没有“傻呵呵”往前冲的工作劲头，是不会成功的。大家学历都不错，都不比你笨，你斤斤计较眼前的得失，而别人是奉献型的、专业型的、往前冲锋的，那你就会被甩在身后。不管国企、民企、外企都一样，这是一个共同的特点。

我希望中化的员工是专业化的。真正把专业搞通了，才能立于不败之地。如果公司的管理者中真正懂化工的人不多，而是其他专业背景的人，这将会对公司带来挑战，因为他们对产品并不真正了解。怎么办？只能靠你们。一代人干一代人的事，一代人争一代人的成绩。化工可能是最好的职业选项之一，因为它是人类社会里真正创造新物质的行业。未来还是要靠你们，做一个专业化的人才，你们不能稀里糊涂搞不懂这些化学物质，你对专业不精通的话，做公司战略是很难的。

对于刚进入公司的新人，你们一定要注重专业性的培养，一定要懂专业业务，同时对公司的战略有深刻的理解和认识，这才会对产业带来真正的推动力。中化现在提出要“科学至上，知行合一”。那什么叫科学、科学包括哪些方面、相互之间是什么联系、怎么搞研发、怎么做产品，这都需要我们认真思考。前几天我们去华为，看到华为有很多人在研究基础学科，比如数学，不研究这些华为无法继续往前走，因为没有理论指导。他们探索新物质、探索自然世界、探索创新，他们认为技术、市场、商业模式是紧密联系在一起的。中化也要这样，我们今天不能再笼统地讲大贸易，虽然也能做一做，但公司未来的发展将非常受限。

讲究专业性，你就要知道自身定位，了解你和公司的关系。你们在学校里都非常优秀，是众人的焦点，刚到中化来，你可能会感到自己不再那么受到关注，也许会感到失落，这是必然的但也是暂时的。你们要从学生的角色迅速转变投入公司的发展中来，只要努力工作，你一定会成为驱动公司发展进步的主要力量。当你完成了这个转变，你会在某一天突然发现，公司有什么事情都来找你，你在不知不觉中变得重要了。

在中国，5 年就是一代人，思维、信息、技术、社会氛围都会发生较大变化。今天，我们年轻的同事们正面对着中化历史上一个非常关键的创新创业时期。过去这几十年，中化已经历过几个波澜壮阔的发展阶段，每一个转型都是生死攸关的，有许多企业在这个过程里都死掉了，我们的前辈很不简单。不断的改革转型，也让今天的中化和三四十年前的中化完全不同。

而今天，我们又站在了新的发展阶段，国际形势、市场环境和产业发展都已发生根本性的转变。中化面临巨大的挑战，也有巨大的机会。过去那种靠规模、靠配额、靠进口许可的老商业模式已经非常困难了，中化需要创造出一个新的发展模式，这个模式必须要有对物质世界的探索、要有科学技术驱动的产品。

此外，中化作为国有企业，体制机制上也面临着巨大的挑战。我们要努力改革成为一个真正国际化、现代化的体制，能够保障我们能与国际上的化工企业竞争。不仅是规模，我们的研发能力、品牌、可持续发展能力都要突破。就目前来看，中国还没有一个真正拥有世界领先地位的化工企业，还没有一个能够比肩孟山都、杜邦这样国际巨头的企业。怎么完成这个目标？就要靠在座的你们。人得有点理想，如果你们不做这些事，一定会后悔。

有一天我突然想到一个问题：如果我今天 90 岁，我回头看 60 岁的自己，还有 30 年，这 30 年我该怎么活？想到这个问题我很震惊。人活到最后就是生命问题，就是时间问题，时间就是你的能量，就像汽油，路上没有加油站，油表的指针一直往下走，当还剩下两格，你还能走多远？

和年轻同事们讨论生命的生死统一性，可能稍微有点远，但是当你们年龄大了以后一定会考虑这个问题。我们讲的不是宗教，我们讲的是物理学，讲的是生命、精神、物质、时间、空间。如果你们没有对这方面的理解，人就会狭隘，就会计较，就不会看得很远。生命是有浓度的，生命要看通不看透，看透了什么都不干也不行。

一岁年龄一岁心，10 年前我也完全没有这个思考，但是它慢慢就来了。生命是一个过程，怎么过好 25 岁到 60 岁的时期，这是你人生中最丰富、最宝贵、最有价值的阶段，在这个阶段有所成就，你将不辜负、不后悔。

2017年中国人的平均寿命已经达到76岁，大多数健康人超过80岁是比较正常的。我是从90岁看60岁，你们可以从90岁看25岁，人生倒过来看是很有价值的，会让你变得洒脱、豁达，让你对生命重新理解，产生智慧。

往回看，你就知道时间对你意味着什么，计划对你意味着什么。某一天，中化如果达不到你定下的职业发展要求，你离开了，那是中化的损失；反过来说，如果中化提供了一个好的机会，你没好好干，中化没有提拔和奖励你，你也不要抱怨。

往回看，你会知道历史对你意味着什么，积累对你意味着什么，学习对你意味着什么，能力对你意味着什么，这个组织对你意味着什么。你不要指望我想怎么来就怎么来，有几个人只凭爱好而在组织里获得成功？组织有组织的目标，你有选择的空间，但组织不会完全纵容你、服从你。我们今天处在一个大发展和大竞争的环境之下，我们每个人都面临着自身的要求和纪律的要求，这是统一的。纪律和自由、规矩和创新、组织和个人，谁能够找到平衡点谁就能成功，谁就是英雄。

未来中化要干什么？中化一定要成为国际上领先的、有创新性的、有竞争力的、综合排名靠前的中国化工企业。

中化又有什么？中化除了战略、布局以外，还要有严格的态度，也就是公司对你的态度和你对公司的态度。公司一定给大家最好的发展路径，不但有中国的，还有国际化的；而大家也必须要把自己的定位放正确，你得有见识、有坚持、有耐心、有专业，你必须得不断积累提高，不提高就没有发展，一两年也许看不出来，但5年以后就不一样了，10年以后就拉开距离了。

未来的中化，不能成为一个产业规模很大，但是含金量不行、产品研发不强的公司，我们这一代人，加上你们这一代人，大家要一起把中化建设成一个全球领先的、综合性的、科学技术驱动的、全球有竞争力的综合型化工企业，这是我们共同的责任，也是我们共同的光荣。

我今天讲的是个人发展，个人发展了公司就会发展，你对自己必须有一个发展规划，在新员工培训后尽快融入中化大的发展潮流、大的发展环境里来。

人生就是这么一段路，我今天提到了回头去看，转一个角度，让我知道我今天做的什么是对的，什么是错的。我们由死到生，由老到少，如果你早知道，全世界都是你的。我们该怎么规划自己？我希望大家在心里上有所调整，把生命过得更好。

（2018 年 8 月）

小功劳、大奖励，是公司成功的真谛。

找出公司的英雄

小功劳、大奖励，是公司成功的真谛。正向的激励比惩罚性的纪律有力量，正能量会压倒负能量。所以，我喜欢给别人颁奖，公司每个人得奖就是我们奋斗的目标。如果一个公司每个人都得奖了，或者大部分得奖了，一定是个好公司。如果公司做不好，不是因为坏的没处理好，是因为好的没表扬好、没奖励好。真把公司里的好人都奖励了，不好好干活的人自然就受到抑制了。

发奖还要说清楚为什么发奖。生产力不是发展出来的，是分配出来的，不把评价、奖励、分配和公司的目标、理念和价值观匹配起来，就会出问题。如果今天得奖的人上台后，坐在下面的人觉得不服气，觉得这个人不过如此，那就完了。那样的话，提多少要求、进行多少教育都没有用。如果非要去提拔自己的亲信，重用和自己关系好的人，那所有的会也都不用开了，开也是在说假话，只有会后在走廊里说的话是真的。公司文化就是开完会后在走廊里说的话。

今天能够上台领奖的人都是公司的英雄，是公司推崇的人。公司希望看到更多得奖的人，是他们驱动公司进步。他们可能是普通员工、可能是管理者，在不同层面努力和奉献，促成公司今天的进步。他们取得的成绩和对公司的贡献，远远大过公司今天颁给他们的奖励，他们的精神和表现对企业文化影响巨大，这是不能用金钱来衡量的。

任何公司，一定有 20% 的人走在前面，这些人有激情、肯奉献、有理想、肯投入，愿意带着大家往前走，对公司的事情上心。如果不能把这 20% 的人培养提拔为领导，这个公司就不行了。还有 70% 的人，他们相对比较平均，如果那 20% 的人领导得好，他们就会稳步前进，也会成为非常好的员工。当然，也还会有 10% 的人是不太好、不那么合格。公司就是这样，不是每个人都一样，有的人可能不适应，有的人可能不努力，也有的人是公司对他用得不恰当。

这次是中化集团和中国化工两个公司一起颁奖，奖励的角度和项目都不太一样，但是这些同志都经过了严格的民主评议和业绩考评，他们每一个人在各自领域都是表现很突出的人。

这样的颁奖仪式是很好的，通过这个仪式可以让每个人好好看看，他们为什么得奖了，他们带来什么样的启发，我们应该怎样做才能得奖。将来，我们要重新设计奖项，设计得更科学、更人性，更加符合公司的实际和当期关注。希望每年我们都知道，在公司里有这样一群人、这样一群中坚力量，他们在驱动公司进步。

（2019 年 7 月）

“人和团队的问题，应该远远在战略之上”。我结合在企业的实践经验认为，创造价值是企业的终极目标，组织人事要为这一目标服务。

人和团队在战略之上

人和战略的关系

人和团队的重要性，远远在战略之上，是战略成功的前提、基础和出发点。

为什么企业管理中人和团队的重要性如此高？这得从“管理”这个概念本身的内涵来看。“企业管理”这个概念来自西方，指的是管理一个商业化运营的组织，最早是通用汽车公司提出来的。我们去参观通用汽车公司生产线，或者去看通用汽车公司第8任总裁阿尔弗雷德·斯隆的《我在通用汽车的岁月》和现代管理学之父彼得·德鲁克的《管理的实践》这些书，他们讲的管理就是组织管理。

任何战略要想成功，首先要把人和团队组织好。怎么做好？这就得从管理学开始，人和团队是在其他管理之上的，是前提，而所有的创新都应基于这个假设。比如在国企改革三年行动中，就是从组织切入，包括组织行为、组织架构、人力资源、绩效激励、领导力方面的改革。所以，组织人事工作就是通过激活组织（人和团队）支持战略发展。

一个团队的领军者，不仅仅要专业能力很好，工作热情、责任担当、攻坚克难等方面也非常重要，要有火一样的热情和坚信必胜的信念。对一个公司负责人的调整，一般会给公司发展带来大约3年以上的影响。假设这个人3年里没有很好地制定并执行正确的战略，带领公司取得长足发展，那么公司的竞争对手就可能会跑到前面去，市场和业务就丢了，这就体现了人和战略的关系。

组织人事工作如何服务于战略，关键在于把个人的人生目标和企业的发展目标融为一体。个人的理想、信念、价值观是不是和党的宗旨、国家战略、国企的发展目标一致，非常重要。没有这个理想信念的支撑，就不能充分发挥才能。只有把自己的人生目标融入企业的使命、愿景、价值观中去，个人和企业才会相互成就、相互促进。

战略从哪里来

战略主要包括战略目标和战略方向两方面。中国中化控股有限责任公司（以下简称中国中化）大的战略目标是成为世界一流综合性化工企业。怎样才能成为这样的企业？战略方向和定位需要更精准。现在，中国中化希望以坚持“科学至上”理念取得技术领先，再通过建设化工产业园区等不断打造出“战略性好产品”。这就是通过精准战略定位和科技驱动方式，在资源配置的基础上，把战略和执行衔接起来。企业是均好的，每一个链条都必须做好。如果有一两个明显短板，企业的发展不会长远。

战略有定位说、目标说、资源说、创新说等说法。其实，真正的战略就是组织一些有限的资源，达到一个很难的目标。彼得·德鲁克赞成创新说，认为一定是学习型组织和创新型组织通过创新才能形成战略。他认为，战略就是以最小资源实现最大突破的过程，其根本是增长方式，战略的高层级是价值创造。所以，战略就是从产品价值创造、企业价值创造一直到资本市场价值创造的过程，这也是目前企业竞争的基本路径。

组织人事工作的目标就是为价值创造的过程提供支持和助力。这项工作可以是战略的驱动者，也可能成为战略的破坏者，区别就在于从事组织人事工作的人对战略有没有很好地理解。

战略十步法讲的是怎么制定战略。理解它并从逻辑上弄通，就能逐步形成公司的战略定位。

战略十步法：模型框架

		步骤	工具
战略定制	第一步	描述愿景及企业使命	愿景及使命结构图
	第二步	市场环境及竞争结构的分析	PEST、五力模型、外部因素评估矩阵
	第三步	竞争对手分析及情报系统的建立	竞争态势矩阵
	第四步	客户群细分及价值链分析	价值链、客户群复合定位矩阵、市场评估工具
	第五步	分析自我能力及目标的时段性	能力因素分析图、内部因素评价矩阵
	第六步	战略定位、战略规划及战略管理	SWOT分析、定量战略计划矩阵等
战略实施	第七步	与定位相吻合的其他战略及资源配置	品牌知觉图
	第八步	管理效率及管理工具的实施	平衡计分卡、六西格玛、流程再造
	第九步	构建成本领先或差异化的竞争优势	成本领先战略分析框架、差异化战略分析框架
战略评价	第十步	战略目标推进中的不断反思、调整	战略反思调整框架

中国中化在战略十步法的基础上经过战略研讨，提出包含企业

公民、客户导向、股东取向、员工发展在内的“价值管理四要素”理论。这是中国中化企业价值创造的坐标体系，也是对标管理坐标体系四要素。

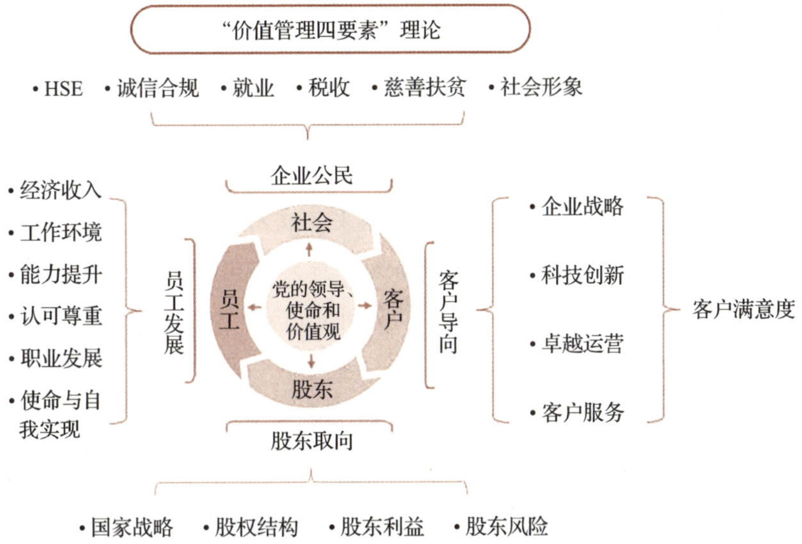

这个坐标体系的中央是出发点，包括党的领导、使命和价值观。第一个要素是企业公民，包含 HSE（职业健康安全和环境），还有诚信合规、就业、税收、慈善扶贫、社会形象，即社会责任。

第二个要素是客户导向，包括企业战略、科技创新、卓越运营、客户服务，最终达到的目标是客户群体满意，即客户满意度。

第三个要素是股东取向，包括国家战略、股权结构、股东利益、股东风险。对于国有企业，股东好也就是国家好。

第四个要素是员工发展，包括经济收入、工作环境、能力提升、认可尊重等。员工完全将企业利益和自身利益联系在一起，就达到了企业与员工关系的最高境界。

中国中化的战略整合实践

2021 年 5 月，在党中央国务院的关怀领导和决策部署下，中化集团和中国化工重组成立中国中化。新公司成立后，我们一直努力通过重组找到协同整合的价值，从而使企业在战略、组织、科技研发、产品等方面全方位升级。中化集团和中国化工（以下简称两化）重组不是简单的总部合并，也不是简单的两个公司项目合并。这个过程很难，因为涉及上万亿元的资产整合。目前来看，应该说很多原来的问题在整合过程中得到了解决，还为产业整合、技术进步、协同效益带来了新的价值。现在，两化已完全打破过去格局，重新规划了产业链条和技术链条，进行了深度整合。

合并完成后，企业价值被释放出来。2021 年年末，中国中化资产总额达 1.54 万亿元。2022 年前 5 个月，公司净利润创出两化历史新高，发展超出预想。这其中的关键是战略转型。改革开放以来，在中国经济飞速发展的过程中，很多企业并没有真正找准自己的战略定位，发展方向相对随意，随着经济大潮今天做这个、明天做那个，后天又换一个，业务上下游没有关系，互相之间也没有联系，这种企业短时间内不会失败，但很难成为世界一流企业和行业领军企业，也很难为国家做出更大的贡献。两化重组的重点正是在于产业价值的整合，通过产业链协同带来竞争力和效益的提升。目前，中国中化推动的以科学技术带动的产业升级才刚刚开始。按现在这个布局，按国家的规划，再过 5 年或 10 年，中国中化一定可以建设为一个世界一流的综合性化工企业。这个企业一定是以科技创新为驱动力，没有新技术、新产品不投资。

目前来看，公司整合后的经营状况很好，标准普尔、穆迪公司等国际评级机构给予了正向评级。但也存在挑战。现在，中国中化海外资产超过 60%，拥有先正达、倍耐力、埃肯、安迪苏等多家国际知名企业。这些海外企业怎么管理、对国家有什么贡献？未来，这是需要我们持续去探索努力的方向。作为仍处在整合过程中的公司，中国中化真正的转型还没做完。怎么把人才变成国际化专业人才，这里面有组织的作用，也有个人的作用，还有文化的改变、团队的建设等，不做出这些转型，可能很难支撑公司未来的可持续发展。

战略性好产品

在中国中化制订“十四五”规划的过程中，我们在对标反思时提出：所有的战略规划和远景预期都要真正体现“市场好、产品好”这一战略目标，让客户、市场和社会感受到、接触到、使用到我们打造出的“战略性好产品”。比如，针对中国中化的高性能塑料聚碳酸酯产品，要先问一下，它是不是创新型的技术和产品？然后再问，它有没有形成真正的规模？所谓规模指的是这个产品在市场上有没有占到20%以上的比例。它在公司营利中是否占据足够的比例？它是不是各种资源协同形成的产物？它是不是贴近消费者终端？它是否带动了产业链和相关产品，实现了什么样的价值？

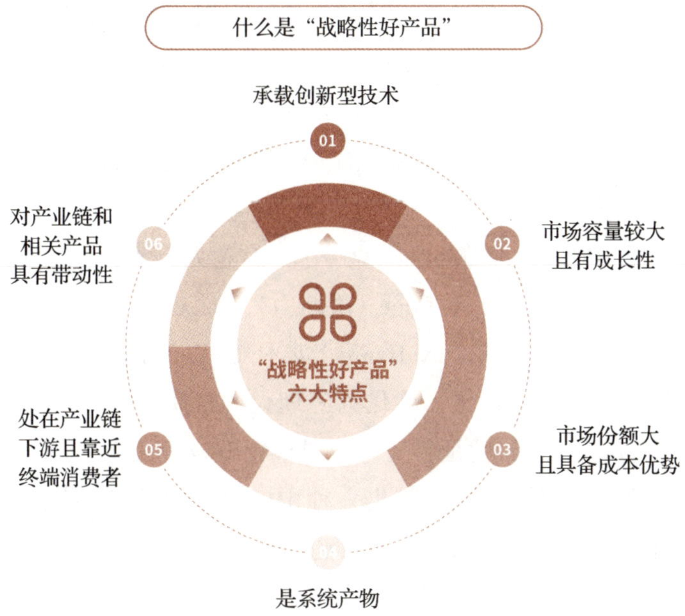

这样来看，能回答出、回答好这些问题的产品究竟有多少？真正领先的战略性产品，是要有市场规模、有技术、有品牌、贴近市场、驱动性强的产品，这会成为未来企业战略和生产经营的评价维度。目前，中国中化正在按照这样的逻辑，对现有的产品进行升级。

企业经理人的标准及素质要求

有的人是守业型，有的人是效率提升型，有的人是业务拓展型，有的人是战略转型发展型，有的人是可持续发展组织再造型，人是不同的，该选择什么类型的人当经理人呢？好的经理人70%是天生的，30%是培养出来的，我们要做的就是不断地把适合推动战略的人放到最合适的位置上。

我国国有企业资产总额大约270万亿元，国有资本权益大约76万亿元，但普遍认为净资产回报率不算高。如果回报效率不提高，长远来看会在竞争中落后。所以，为国有企业选拔出优秀的企业经理人、带领国有企业保值增值非常重要。

企业选不到对的人是最难受的事情，但要找到与企业完全匹配的理想经理人不是一件容易的事。好的经理人往往是理想主义的，这样的人往往很有激情、很投入，不达目的誓不罢休，敢冲锋、敢担当，不太计较个人得失。这样的人也比较专业，懂得尊重人、爱护人，也能忍辱负重。

美国通用电气的前董事长杰克·韦尔奇选人有4个E，即Energy（活力）、Energize（激励）、Edge（决断力）、Execute（执行力）。

万事达卡彭安杰（Ajay Banga）离任CEO时，《财富》杂志采访他，其中有一个问题是：你作为经理人的素质是什么？他竟然说了一个“Kindness”，就是善良。他说善良就是爱社会、爱人和爱大家。体谅别人，做好自己，带出一种积极向上的风气，人们自然跟随你，自然地去规范自己的行为，也为组织目标奋斗。如果一个经理人有一颗善良的心，所有人都会从方向上、精神上、文化上跟随他，把所有的正向能力发挥出来，把负面的东西压下去，营造出积极向上的工作氛围。

对选人用人来讲，现在说得比较多的还有任职资格，比如学历、职业经历、语言、包容性、业绩等。选人用人要讲究科学，要思考的是怎么去选人。最重要的因素往往容易被忽略了，就是战略。所有的战略都需要理想的经理人去执行，所有错误的战略都需要经理人去纠正，同时其本人也会形成新的战略。

（2022 年 6 月）